Pinocc

**Il capolavoro di Carlo Collodi
in italiano semplice e moderno**

a cura di Jacopo Gorini

Con le splendide illustrazioni
originali di Carlo Chiostri

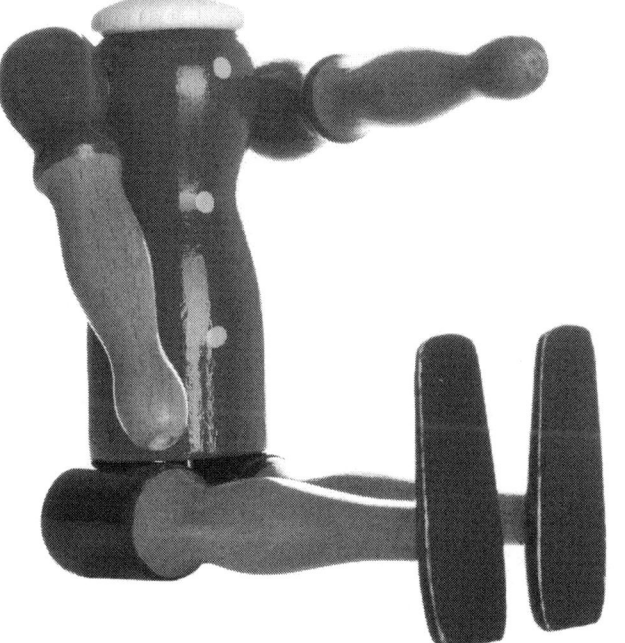

© 2017 Jacopo Gorini. Tutti i diritti sono riservati.

Seconda edizione – Venezia, Italia

CaffèScuola Books – www.caffescuola.com

Immagini di Carlo Chiostri e testo originale tratti da:
"Le Avventure di Pinocchio – Storia di un burattino",
di Carlo Collodi. Editori R. Bemporad & Figlio, 1907, Firenze.

Indice

Introduzione..5
Capitolo 1..9
Capitolo 2...11
Capitolo 3...14
Capitolo 4...17
Capitolo 5...19
Capitolo 6...21
Capitolo 7...23
Capitolo 8...26
Capitolo 9...29
Capitolo 10..32
Capitolo 11..35
Capitolo 12..38
Capitolo 13..42
Capitolo 14..45
Capitolo 15..47
Capitolo 16..50
Capitolo 17..53
Capitolo 18..56
Capitolo 19..60
Capitolo 20..63
Capitolo 21..66
Capitolo 22..69
Capitolo 23..72
Capitolo 24..76
Capitolo 25..79
Capitolo 26..82
Capitolo 27..85
Capitolo 28..88
Capitolo 29..91
Capitolo 30..94
Capitolo 31..98
Capitolo 32...102
Capitolo 33...106
Capitolo 34...110

Capitolo 35..113
Capitolo 36..116
Capitolo 37..119
Capitolo 38..123
Capitolo 39..127
Capitolo 40..130
Capitolo 41..133
Capitolo 42..137
Capitolo 43..140
Capitolo 44..144
Capitolo 45..148
Capitolo 46..151
Capitolo 47..155
Capitolo 48..159
Capitolo 49..163
Capitolo 50..167
Capitolo 51..170
Capitolo 52..173
Capitolo 53..177
Capitolo 54..180

Introduzione

Il grande capolavoro di Carlo Collodi "Le avventure di Pinocchio" in italiano semplice e moderno.

Il libro è la versione integrale del testo originale, scritto a Firenze nel 1881, in un italiano più attuale e adatto ai lettori contemporanei, anche ai più giovani. La musicalità e la bellezza del testo sono rimaste le stesse, come la totalità dei capitoli.

Il volume è illustrato con le splendide immagini originali di Carlo Chiostri, presenti nell'edizione dei primi del '900.

Pinocchio è una storia sempre attuale, divertente ed intensa. È una lettura indispensabile per chi ama la cultura e la lingua italiana.

Buona lettura!

Jacopo Gorini

La serie Pinocchio è composta da:
- Pinocchio – Il libro (questa edizione)
- Pinocchio – Libro e audiolibro
- Pinocchio – L'audiolibro

E per studenti stranieri di lingua italiana:
- Imparo l'italiano con Pinocchio – Libro, glossario e audiolibro
- Imparo l'italiano con Pinocchio – Quaderno degli esercizi

Per maggiori informazioni:
www.caffescuola.com/pinocchio/

Pinocchio

di Carlo Collodi

Capitolo 1

C'era una volta... un re?

No, c'era una volta un pezzo di legno. Un semplice pezzo di legno per fare il fuoco e riscaldare le stanze d'inverno.

Questo pezzo di legno si trova nel negozio di un vecchio falegname, il maestro Antonio, che tutti chiamano maestro Ciliegia perché la punta del suo naso è sempre rossa come una ciliegia matura.

Quando maestro Ciliegia vede quel bel pezzo di legno dice felice a bassa voce:

– Questo legno è perfetto: voglio farci una gamba di tavolino!

Prende allora un'ascia e la alza sopra la testa, pronto a colpire, quando all'improvviso sente una vocina:

– Non mi picchiare tanto forte!

Maestro Ciliegia si guarda intorno spaventato, per scoprire da dove venga quella vocina. Guarda sotto il tavolo: nessuno! Guarda dentro l'armadio: nessuno! Apre la porta del negozio per vedere anche sulla strada: nessuno!

– Ho capito, quella vocina me la sono immaginata io. Mi rimetto a lavorare...

Prende di nuovo l'ascia e tira un colpo al pezzo di legno.

– Ohi! Mi hai fatto male! – grida sofferente la solita vocina.

Maestro Ciliegia rimane a bocca aperta per la paura, e comincia a tremare.

– Da dove viene questa vocina che dice ohi! Ma qui non c'è nessuno! Forse questo pezzo di legno ha imparato a piangere e a lamentarsi come un bambino? Non ci credo. Forse c'è nascosto dentro qualcuno? Se c'è nascosto dentro qualcuno tanto peggio per lui! Ora lo sistemo io!

Prende allora quel povero pezzo di legno con tutt'e due le mani e lo sbatte senza pietà contro le pareti della stanza.

Poi si ferma e ascolta... C'è o non c'è una vocina che si lamenta? Aspetta due minuti: nulla! Cinque minuti: nulla! Dieci minuti: nulla!

– Ho capito! – dice cercando di ridere. – Quella vocina me la sono immaginata io. Mi rimetto a lavorare...

Ma ha ancora paura, allora si mette a cantare per farsi coraggio.

Prende di nuovo in mano il pezzo di legno e comincia a farlo più liscio, quando all'improvviso sente la solita vocina che dice ridendo:

– Smetti! Mi fai il solletico!

Questo è troppo per il povero maestro Ciliegia, che sviene e cade per terra. Quando, poco dopo, apre gli occhi, è seduto sul pavimento. E il suo naso è diventato azzurro dalla grande paura.

Capitolo 2

In quel momento bussano alla porta.

— Entra pure. — dice il falegname senza la forza di alzarsi in piedi.

Entra un vecchietto tutto arzillo, di nome Geppetto. I ragazzi del quartiere, quando lo vogliono far arrabbiare, lo chiamano Polentina, perché la sua parrucca gialla assomiglia molto alla polenta di mais. Geppetto è molto permaloso: quando lo chiamano Polentina si arrabbia tantissimo!

— Buon giorno, maestro Antonio! — dice Geppetto. — Che cosa fai lì per terra?

— Insegno l'alfabeto alle formiche.

— Buon per te!

— Perché sei venuto a trovarmi, amico Geppetto?

— Sono venuto a chiederti un favore.

— Dimmi pure. — dice il falegname, alzandosi in piedi.

— Stamattina mi è venuta un'idea.

— Sentiamola.

– Voglio costruire un bel burattino, un burattino meraviglioso che sappia ballare, usare la spada e fare i salti mortali. Con questo burattino voglio girare il mondo, per guadagnarmi un pezzo di pane e un bicchiere di vino. Come ti sembra la mia idea?

– Bravo Polentina! – grida la solita vocina, che non si capisce da dove venga.

A sentirsi chiamare Polentina, Geppetto si arrabbia e dice a maestro Ciliegia:

– Perché mi offendi?

– Chi ti offende?

– Mi hai chiamato Polentina!

– Non sono stato io!

– Allora sono stato io? Io dico che sei stato tu!

– No!

– Sì!

– No!

– Sì!

E cominciano a picchiarsi, a graffiarsi e a mordersi.

Finito il combattimento, maestro Antonio ha in mano la parrucca gialla di Geppetto, e Geppetto ha in bocca la parrucca grigia del falegname.

– Rendimi la parrucca! – grida maestro Antonio.

– E tu rendimi la mia, e facciamo la pace.

I due vecchietti, dopo aver ripreso la propria parrucca, si stringono la mano e giurano di rimanere buoni amici per tutta la vita.

– Dunque, amico Geppetto, qual è il piacere che vuoi da me?

– Vorrei un po' di legno per il mio burattino; me lo dai?

Maestro Antonio, tutto contento, va subito a prendere quel pezzo di legno che gli ha procurato tanti problemi. Ma, quando sta per darlo all'amico, il pezzo di legno si muove da solo e colpisce con forza la gamba di Geppetto.

– Ah! – urla Geppetto. – Ma cosa fai?

– Ti giuro che non sono stato io!

– Allora sono stato io!

– La colpa è tutta di questo legno...

– Lo so che è del legno, ma sei tu che me l'hai tirato nelle gambe!

– Non l'ho tirato!

– Bugiardo!

– Geppetto, non offendermi! Altrimenti ti chiamo Polentina!

– Asino!

– Polentina!

– Somaro!

– Polentina!

– Brutto scimmiotto!

– Polentina!

E cominciano a picchiarsi come prima...

Poco dopo, finita la battaglia, si stringono la mano e giurano di rimanere amici tutta la vita.

Geppetto prende il suo pezzo di legno e torna a casa sua.

Capitolo 3

La casa di Geppetto è una piccola stanza al piano terra. I mobili sono molto semplici: una sedia, un letto duro e un vecchio tavolino. Sulla parete si vede un caminetto con il fuoco acceso e una pentola con l'acqua che bolle. Ma è solo una pittura sul muro...

Appena entra in casa Geppetto inizia a lavorare sul pezzo di legno per fare il suo burattino.

– Che nome gli metto? – dice fra sé e sé.

– Lo voglio chiamare Pinocchio! Questo nome gli porterà fortuna. Ho conosciuto una famiglia intera di Pinocchi: Pinocchio il padre, Pinocchia la madre e Pinocchi i ragazzi, e tutti stavano molto bene.

Dopo aver trovato il nome al suo burattino, continua a lavorare con grande entusiasmo: fa i capelli, poi la fronte, poi gli occhi.

Ma subito si accorge con meraviglia che gli occhi del burattino si muovono e lo guardano fisso.

Geppetto, infastidito da quello sguardo, dice:
– Occhiacci di legno! Perché mi guardate?
Nessuno risponde.

Allora, dopo gli occhi, fa il naso. Ma il naso, appena fatto, comincia a crescere. E cresce, cresce, cresce e diventa in pochi minuti un nasone lunghissimo.

Il povero Geppetto lo taglia continuamente per farlo più corto. Ma più lo taglia, più il naso diventa lungo.

Dopo il naso fa la bocca. E la bocca non è ancora finita che comincia subito a ridere e a prenderlo in giro.

– Smetti di ridere! – dice Geppetto arrabbiato, ma è come parlare a un muro.

– Smetti di ridere, ti ripeto! – urla con voce minacciosa.

Allora la bocca smette di ridere, ma tira fuori tutta la lingua.

Geppetto decide di far finta di niente, per non arrabbiarsi troppo, e continua a lavorare.

Dopo la bocca, fa il mento, poi il collo, le spalle, lo stomaco, le braccia e le mani.

Appena finite le mani sente portarsi via la parrucca dalla testa. Guarda in alto e cosa vede? Vede la sua parrucca gialla in mano al burattino.

– Pinocchio! Rendimi subito la mia parrucca!

E Pinocchio, invece di rendergli la parrucca, se la mette sopra la propria testa e ride.

Il povero Geppetto diventa triste e malinconico come non è mai stato in vita sua e dice a Pinocchio:

– Male, ragazzo mio, male! Non sei ancora finito e già manchi di rispetto a tuo padre!

Si asciuga una lacrima e continua a lavorare.

Quando Geppetto finisce i piedi gli arriva sulla punta del naso un calcio.

– Me lo merito! – dice – Dovevo pensarci prima! Ormai è tardi!

Poi prende il burattino e lo mette per terra, sul pavimento della stanza, per farlo camminare.

Pinocchio fa fatica a muoversi e Geppetto lo tiene per mano e lo aiuta.

Ma poco dopo Pinocchio impara a camminare bene e inizia a correre per la stanza. Geppetto cerca di fermarlo ma Pinocchio vede la porta aperta della casa e esce di corsa.

Geppetto, preoccupato, gli corre dietro lungo la strada, ma non riesce a raggiungerlo perché Pinocchio è troppo veloce.

Capitolo 4

Pinocchio va veloce come una lepre, batte forte i piedi di legno sulla strada e fa un gran rumore.

– Prendetelo! Prendetelo! – urla Geppetto. Ma le persone sulla via, quando vedono questo burattino di legno che corre come un matto, si fermano incantate a guardarlo, e ridono, ridono, ridono di gusto.

Alla fine, per fortuna, arriva un carabiniere. Ha sentito tutto quel rumore e immagina che un cavallo sia scappato dal padrone. Allora si mette coraggiosamente in mezzo alla strada, a gambe larghe, pronto a fermarlo.

Pinocchio, appena vede il carabiniere, prova a passargli in mezzo alle gambe, per scappare.

Ma il carabiniere lo prende senza fatica per il naso, e lo dà a Geppetto.

Geppetto vuole dare a Pinocchio un bella punizione e tirargli le orecchie, ma, stupito, si accorge che non gli ha ancora fatto le orecchie...

Allora lo prende per le spalle e, mentre lo riporta indietro, gli dice severo:

– Andiamo a casa, e quando siamo a casa facciamo i conti!

Pinocchio, impaurito, si butta per terra e non vuole più camminare. Alcune persone, incuriosite, si avvicinano.

– Povero burattino! – dicono alcuni. – Ha ragione a non voler tornare a casa. Quel cattivo di Geppetto lo picchierà sicuramente!

E altri aggiungono malignamente:

– Geppetto sembra un gentiluomo ma è un vero tiranno con i ragazzi! È capace di farlo a pezzi!

Alla fine, ne parlano tanto male che il carabiniere libera Pinocchio e porta in prigione Geppetto.

Il povero falegname non trova le parole per difendersi e comincia a piangere tristemente.

Andando verso la prigione dice:

– Cattivo Pinocchio! E io che ho fatto tanta fatica per farne un burattino perbene! Ma me lo merito, dovevo pensarci prima!

Capitolo 5

Mentre il povero Geppetto è in prigione, Pinocchio corre verso casa, passando per i campi per fare più in fretta.

E correndo salta piccoli fossi pieni d'acqua e alberi caduti, come una lepre inseguita dai cacciatori.

Arrivato di fronte a casa trova la porta socchiusa. La spinge, entra e la chiude dietro di sé. Poi si mette a sedere per terra e tira un gran sospiro di sollievo.

Ma il sollievo dura poco perché all'improvviso sente nella stanza qualcuno che fa:

– Crì–crì–crì!

– Chi è che mi chiama? – dice Pinocchio impaurito.

– Sono io!

Pinocchio si gira e vede un grosso grillo che sale lentamente sul muro.

– Dimmi, grillo: e tu chi sei?

– Io sono il Grillo-parlante, e abito in questa stanza da più di cent'anni.

– Da oggi però questa stanza è mia e, per favore, vai via subito e non tornare mai più.

– Me ne vado di qui solo se prima ti dico una grande verità.

– Dimmela e fai in fretta!

– Guai a chi si ribella ai genitori e abbandona la casa paterna per divertirsi! Avrà sempre problemi! Non starà mai bene in questo mondo! E prima o poi se ne pentirà!

– Canta pure, Grillo, ma io domani all'alba me ne vado via di qui. Perché se rimango qui devo andare a scuola come succede a tutti i ragazzi. Ma io non ho nessuna voglia di studiare e mi diverto di più a correre dietro alle farfalle e a salire sugli alberi.

– Povero stupido! Ma non sai che così diventerai da adulto un bellissimo asino e tutti ti prenderanno in giro?

– Stai zitto, maledetto Grillo porta sfortuna! – grida Pinocchio. Ma il grillo, che è paziente e filosofo, continua con lo stesso tono di voce:

– Ma se non ti piace andare a scuola, perché non impari un lavoro, così da guadagnarti onestamente un pezzo di pane?

– Vuoi sapere la verità? – dice Pinocchio, che comincia a perdere la pazienza. – Fra tutti i mestieri del mondo solo un lavoro mi piacerebbe fare...

– E qual è?

– Quello di mangiare, bere, dormire, divertirmi e fare dalla mattina alla sera la vita del vagabondo.

– Tutti quelli che fanno questo lavoro finiscono sempre in ospedale o in prigione...

– Attento Grillo porta sfortuna! Se mi arrabbio è peggio per te!

– Povero Pinocchio! Mi fai proprio compassione!

– Perché ti faccio compassione?

– Perché sei un burattino e, peggio, perché hai la testa di legno.

Dopo queste parole, Pinocchio, arrabbiatissimo, prende dalla tavola un martello di legno e lo lancia contro il Grillo-parlante. Forse non vuole colpirlo, ma per sfortuna lo colpisce proprio nella testa, e il povero grillo fa un ultimo crì–crì–crì, e cade morto per terra.

Capitolo 6

Ormai è notte e Pinocchio si ricorda di non aver ancora mangiato niente. E comincia ad avere fame, molta fame.

Va verso il caminetto, dove si vede una pentola che bolle, e prova ad alzarne il coperchio. Ma si accorge che è solo una pittura sul muro. Lo stupore è così grande che il naso gli diventa ancora più lungo.

Allora si mette a correre per la stanza e a cercare dappertutto un pezzo di pane, va bene anche del pane secco, o un osso avanzato al cane, un po' di polenta ammuffita, un nocciolo di ciliegia, insomma qualche cosa da masticare: ma non trova nulla, il grande nulla, proprio nulla.

E intanto la fame cresce, cresce, cresce. E il povero Pinocchio comincia a disperarsi e a piangere, e dice:

– Il Grillo-parlante aveva ragione. Ho fatto male a ribellarmi al mio babbo e a scappare di casa... Con il mio babbo qui con me, ora non soffrirei così... Oh! Che brutta malattia è la fame!

Quando all'improvviso vede in mezzo alla spazzatura una cosa rotonda e bianca che sembra un uovo di gallina. Fa un salto e lo prende in mano: è veramente un uovo!

La sua gioia è immensa! Pinocchio crede di sognare, tiene l'uovo in mano, lo tocca e lo bacia.

– E ora come lo cucino? Faccio una frittata? O lo friggo in padella che viene più saporito? O lo bevo crudo? No, meglio cotto in padella!

Allora mette sul fuoco una padella, con un po' d'acqua perché in casa non c'è né olio né burro. Poi spezza il guscio dell'uovo e...

Invece della chiara e del tuorlo esce fuori dal guscio un pulcino tutto allegro e educato che dice:

– Grazie mille, signor Pinocchio, per avermi aiutato ad uscire. Arrivederci e tanti cari saluti alla famiglia!

E vola via fuori dalla finestra.

Il povero burattino rimane fermo, come incantato, con gli occhi fissi sulla finestra, la bocca aperta e i gusci dell'uovo in mano.

Ma dopo un minuto, quando si riprende, viene preso dalla disperazione e piange, urla e batte i piedi per terra.

– Il Grillo-parlante aveva ragione. Non dovevo scappare di casa! Con il mio babbo qui con me, ora non morirei di fame... Oh! Che brutta malattia è la fame!

Decide allora di uscire di casa e di andare al paese vicino, dove forse c'è una persona buona che può regalargli un pezzo di pane.

Capitolo 7

Fuori c'è un gran temporale, con fulmini, vento e pioggia.

Pinocchio ha molta paura dei tuoni e dei lampi, ma la fame è più forte della paura. Dunque esce di casa e corre lungo la strada fino al paese vicino.

Ma trova tutto buio e tutto deserto. I negozi sono chiusi, le porte di casa sono chiuse, le finestre sono chiuse, e nella strada non c'è neanche un cane. Sembra il paese dei morti.

Allora Pinocchio, disperato e affamato, suona il campanello di una casa. Continua a suonare a lungo e pensa:

– Qualcuno risponderà prima o poi...

Infatti, poco dopo, viene alla finestra un vecchietto in pigiama, che grida infastidito:

– Che cosa vuoi a quest'ora di notte?

– Ho fame... Vorrei un po' di pane...

– Aspetta lì che torno subito! – risponde il vecchietto, che non crede a Pinocchio, e pensa che questo sia lo scherzo di un ragazzaccio.

Dopo mezzo minuto la voce del solito vecchietto grida a Pinocchio:

– Vieni qui sotto, più vicino al muro.

E mentre il burattino si avvicina, un gran secchio di acqua gli arriva addosso, bagnandolo completamente.

Il povero Pinocchio torna a casa triste e affamato.

È molto stanco e si siede di fronte alla stufa bollente, con i piedi appoggiati sopra.

E si addormenta. Ma mentre dorme i suoi piedi, che sono di legno, prendono fuoco e diventano cenere.

Però Pinocchio continua a dormire tranquillo.

Di mattina si sveglia, perché qualcuno bussa alla porta.

– Chi è? – domanda sbadigliando.

– Sono io. – risponde una voce.

Quella voce è la voce di Geppetto.

Pinocchio, ancora mezzo addormentato, non ha visto che i suoi piedi sono tutti bruciati. Dunque, appena sente la voce di suo padre, prova a correre verso la porta, ma cade subito per terra.

– Apri! – grida Geppetto dalla strada.

– Babbo mio, non posso! – piange il burattino.

– Perché non puoi?

– Perché qualcuno ha mangiato i miei piedi.

– E chi li ha mangiati?

– Il gatto! – risponde Pinocchio, vedendo il gatto che gioca per terra con alcuni pezzetti di legno.

– Apri, ti dico! E subito! – grida Geppetto, che non crede al povero burattino.

– Non posso stare in piedi! Povero me! Tutta la vita dovrò

camminare sulle ginocchia...

Geppetto continua a non credergli, e decide allora di entrare in casa dalla finestra.

Capitolo 8

Geppetto entra arrabbiato, ma appena vede Pinocchio per terra, veramente senza piedi, lo prende in braccio, lo bacia e lo accarezza. Con le lacrime agli occhi gli dice:

– Pinocchietto mio! Ma come hai fatto a bruciarti i piedi?

– Non lo so, babbo, ma è stata una notte terribile e la ricorderò per sempre! C'era il temporale, con lampi e fulmini, e io avevo una gran fame e allora il Grillo-parlante mi ha detto: È colpa tua perché sei stato cattivo! E io gli ho risposto: Attento, grillo! E lui mi ha detto: Tu sei un burattino e hai la testa di legno. E io gli ho tirato un martello e lui è morto, ma è stata colpa sua, perché io non volevo ammazzarlo... E poi ho provato a cucinare un uovo, ma il pulcino è uscito fuori e ha detto: Arrivederci e tanti cari saluti alla famiglia! E la fame cresceva sempre e il vecchietto in pigiama mi ha tirato un secchio d'acqua. Ma perché, babbo? Chiedere un po' di pane non è vergogna, vero? E allora sono tornato a casa e avevo tanta fame e ho messo i piedi sulla stufa calda e me li sono bruciati...

E il povero Pinocchio comincia a piangere forte.

Geppetto ha capito una cosa sola della storia del burattino: che ha una gran fame. Allora tira fuori dalla tasca tre pere e le dà a Pinocchio.

– Queste tre pere sono la mia colazione, ma te le do volentieri. Mangiale tu, figlio mio.

Pinocchio guarda le pere e dice al padre:

– Se vuoi che le mangi, fammi il piacere di sbucciarle.

– Sbucciarle? – risponde Geppetto stupito. – Sei molto schizzinoso, Pinocchio! Male! In questo mondo, fin da bambini, bisogna abituarsi a mangiare di tutto, perché tutto può succedere...

– Dici bene, babbo, ma io non mangerò mai della frutta con la buccia. Le bucce non le sopporto.

E quel buon uomo di Geppetto tira fuori dalla tasca un coltellino, sbuccia tutte e tre le pere e mette le bucce sopra il tavolo.

Quando Pinocchio finisce la prima pera sta per buttare via il torsolo, ma Geppetto lo ferma.

– Non buttarlo via! Tutto in questo mondo può essere utile.

– Ma io, il torsolo, non lo mangio di sicuro! – grida il burattino.

– Chi lo sa... – risponde tranquillo Geppetto.

Alla fine i tre torsoli vengono messi sul tavolo accanto alle bucce.

Finite le tre pere Pinocchio dice:

– Ho ancora fame!

– Ma io non ho più niente da darti, figlio mio.

– Proprio niente?

– Ho solo queste bucce e questi torsoli di pera.

– Pazienza! – dice Pinocchio. – Se non c'è altro, mangerò una buccia.

E comincia a masticare. All'inizio con un'espressione disgustata, ma poi finisce in un attimo tutte le bucce.

E dopo le bucce anche i torsoli, e, quando ha finito di mangiare, dice contento:

– Adesso sì che sto bene!

– Hai visto che avevo ragione, – dice Geppetto, – quando ho detto che non bisogna essere schizzinosi con il cibo? Perché in questo mondo tutto può succedere!

Capitolo 9

Finito di mangiare, Pinocchio comincia a piangere perché vuole due piedi nuovi.

Ma Geppetto, per punirlo di essere scappato di casa, lo lascia a disperarsi e a piangere per mezza giornata.

– E perché devo rifarti i piedi? Perché così puoi scappare di nuovo di casa?

– Ti prometto, – dice Pinocchio piangendo, – che d'ora in avanti sarò buono...

– Tutti i ragazzi dicono così quando vogliono ottenere qualcosa.

– Ma io non sono come gli altri ragazzi! Io sono più buono di tutti e dico sempre la verità. Ti prometto, babbo, che imparerò un lavoro e ti aiuterò quando sarai vecchio!

Geppetto si comporta come un tiranno, ma in realtà soffre a vedere il suo burattino senza piedi.

Non risponde a Pinocchio, ma prende due pezzi di legno e con molto impegno, in meno di un'ora, prepara due bellissimi piedi nuovi e li attacca alle gambe del burattino.

Pinocchio è felicissimo e salta e corre per tutta la stanza.

– Caro babbo, per dimostrarti la mia gratitudine, voglio andare subito a scuola!

– Bravo ragazzo!

– Ma per andare a scuola ho bisogno di un vestito...

Geppetto, che è poverissimo, gli prepara un vestitino di carta, un paio di scarpe di corteccia d'albero e un cappellino fatto con la mollica di pane.

Pinocchio è così felice che va a specchiarsi in un secchio d'acqua e, soddisfatto del suo aspetto, dice:

– Sembro proprio un signore!

– È vero! – dice Geppetto, – Perché ricorda, Pinocchio, non è il vestito bello a fare il signore, ma è il vestito pulito!

– Però per andare a scuola manca ancora una cosa... – aggiunge il burattino.

– Cosa?

– Mi manca il libro di scuola.

– Hai ragione, ma come si fa ad averlo?

– È facilissimo, si va in libreria e si compra.
– E i soldi?
– Io non ce li ho...
– Neanche io. – aggiunge Geppetto, diventando triste.

E Pinocchio, anche se è un ragazzo sempre allegro, diventa triste pure lui: perché la miseria, quando è veramente miseria, la capiscono tutti, anche i bambini.

– Non importa! – grida Geppetto all'improvviso. Si alza in piedi, si mette la vecchia giacca rattoppata e corre fuori di casa.

Poco dopo torna e ha in mano il libro di scuola. Ma la giacca non ce l'ha più.

Il pover'uomo è in camicia e fuori nevica.

– E la giacca, babbo?
– L'ho venduta.
– Perché l'hai venduta?
– Perché avevo caldo.

Pinocchio capisce la bontà del padre, e, riconoscente, gli salta al collo e lo bacia.

Capitolo 10

Smette di nevicare e Pinocchio, con il suo libro nuovo, esce di casa e va verso la scuola.

Mentre cammina parla da solo:

– Oggi, a scuola, voglio subito imparare a leggere. Domani imparerò a scrivere e dopodomani i numeri. Poi troverò un lavoro e guadagnerò molti soldi. E con i primi soldi comprerò a mio padre una bella giacca nuova. Anzi, una giacca tutta d'oro e d'argento, con i bottoni di diamanti. E il mio povero babbo se la merita, perché per comprarmi il libro e farmi studiare è rimasto in camicia... E con questo freddo!

Mentre parla così, all'improvviso, sente lontano della musica, con trombe e tamburi. Si ferma e ascolta attentamente: quella musica viene da una stradina laterale che porta al mare, a un piccolo paese vicino.

– Che cos'è questa musica? Peccato dover andare a scuola, sennò...

E rimane fermo a pensare, indeciso. Pinocchio deve prendere una decisione: o la scuola o la musica.

– Oggi vado a sentire la musica, e domani a scuola: per andare a scuola c'è sempre tempo...

Detto fatto: Pinocchio corre lungo la stradina e ad ogni passo la musica diventa più forte.

Alla fine arriva a una piazza, con tanta gente intorno a un grande capannone di legno e stoffa colorata.

– Cos'è quel capannone? – domanda a un ragazzo del paese.

– Leggi il cartello e lo saprai!

– Lo leggerei volentieri, ma oggi, purtroppo, non so leggere.

– Bravo asino! Allora te lo leggo io. Su quel cartello c'è scritto, a lettere rosse, GRAN TEATRO DEI BURATTINI.

– Lo spettacolo è iniziato da molto tempo?

– Inizia ora.

– E quanto costa?

– Quattro soldi.

Pinocchio, diventato curiosissimo, domanda al ragazzo:

– Mi dai quattro soldi in prestito?

– Te li darei volentieri, ma oggi, purtroppo, non ce li ho. – risponde il ragazzo.

– Per quattro soldi ti vendo il mio vestito.

– Ma a cosa mi serve un vestito di carta? Se ci piove sopra, si rompe...

– Vuoi comprare le mie scarpe?

– Quelle sono buone solo per accendere il fuoco...

– Quanto mi dai per il cappello?

– Un cappello di mollica di pane? Un topo me lo può mangiare mentre ce l'ho in testa...

Pinocchio è molto nervoso, sta per fare la sua ultima offerta, ma non ha il coraggio. Alla fine però dice:

– Vuoi darmi quattro soldi per questo libro di scuola?

– Io sono un bambino e non compro niente dai bambini. – risponde il giovane ragazzo, che è molto più saggio di

Pinocchio.

Quando all'improvviso un venditore di vestiti usati che ha sentito la conversazione dice:

– Per quattro soldi il libro di scuola lo prendo io!

Pinocchio gli dà il libro e riceve i suoi quattro soldi.

E pensare che per poter comprare quel libro a suo figlio, il povero Geppetto è adesso a casa, in camicia e a soffrire il freddo...

Capitolo 11

Quando Pinocchio entra nel teatro dei burattini succede una cosa incredibile.

Lo spettacolo è già iniziato e ci sono sul palco i burattini Arlecchino e Pulcinella che recitano e litigano fra di loro. La folla è tutta attenta e ride di gusto.

Quando all'improvviso Arlecchino smette di recitare e si gira verso il pubblico. Indica con la mano qualcuno in fondo alla sala e comincia a urlare in tono drammatico:

– Dio mio! Sogno o sono sveglio? Ma quello laggiù è Pinocchio!

– Sì! È veramente Pinocchio! – grida Pulcinella.

– È proprio lui! – strilla la signora Rosaura, un altro burattino arrivato in quel momento.

– È Pinocchio! È Pinocchio! – urlano in coro tutti i burattini uscendo da dietro le quinte.

– È Pinocchio! È il nostro fratello Pinocchio! Viva Pinocchio! – continuano.

– Pinocchio, vieni quassù da me! – grida Arlecchino. – Vieni fra le braccia dei tuoi fratelli di legno!

Pinocchio fa un salto e sale sul palco, gli altri burattini lo abbracciano, gli stringono la mano e gli danno dei pizzicotti di amicizia. Si sente come un fratello amato dalla propria famiglia.

La scena è molto commovente, ma il pubblico, vedendo lo spettacolo interrotto, grida:

– Vogliamo la commedia! Vogliamo la commedia!

È tutto inutile, perché i burattini, invece di continuare a recitare, prendono Pinocchio sulle spalle e cantano felici pieni di amore.

Ma in quel momento compare il Burattinaio: un uomo grande, grosso e brutto, che fa paura solo a guardarlo. Ha un barba nera come l'inchiostro e lunga fino a terra, così lunga che quando cammina la calpesta con i piedi. La sua bocca è larga come un forno e i suoi occhi sembrano due lanterne di vetro rosso. In mano ha un lunga frusta, fatta di serpenti e code di volpe arrotolate insieme.

Appena arriva il Burattinaio tutti diventano silenziosi: nessuno apre più bocca. Si sarebbe sentita volare una mosca. I poveri burattini, maschi e femmine, tremano come foglie, tanta è la loro paura.

– Perché sei venuto a fare confusione nel mio teatro? – domanda il Burattinaio a Pinocchio, con un terribile vocione d'orco.

– Mi scusi tanto, Signore, non è stata colpa mia...

– Basta così! Stasera faremo i conti!

E prende Pinocchio, lo porta in un'altra stanza e lo appende al muro con un chiodo.

Finito lo spettacolo, il Burattinaio va in cucina, dove sta preparando un bell'arrosto di carne che gira lentamente sopra il fuoco.

Ma, visto che gli manca della legna per finirlo di cuocere, chiama Arlecchino e Pulcinella e dice loro:

– Portatemi qui quel burattino attaccato a quel chiodo. Mi sembra un burattino fatto di un legno perfetto per bruciare, ottimo per il mio arrosto.

Arlecchino e Pulcinella all'inizio esitano, ma poi hanno troppa paura del loro padrone e obbediscono.

Vanno a prendere il povero Pinocchio e lo portano in cucina per le braccia. Il burattino cerca di scappare, senza riuscirci, e grida disperato:

– Babbo mio, salvami! Non voglio morire! Non voglio morire!

Capitolo 12

Il Burattinaio si chiama Mangiafuoco e sembra un uomo veramente spaventoso, ma in fondo non è cattivo.

Infatti, quando gli portano il povero Pinocchio che grida disperato *Non voglio morire! Non voglio morire!*, inizia a commuoversi e ad avere pietà.

Mangiafuoco all'improvviso starnutisce rumorosa-mente e Arlecchino dice a Pinocchio sottovoce:

– Che fortuna, fratello! Il Burattinaio ha starnutito e questo significa che ha compassione di te. Ormai sei salvo!

Perché infatti, quando gli uomini normali si commuovono di solito piangono, Mangiafuoco invece ha l'abitudine di starnutire.

– Smettila di piangere! – dice il Burattinaio a Pinocchio. – I tuoi lamenti mi fanno starnutire! *Etcì! Etcì!*

– Salute! – dice Pinocchio, educato.

– Grazie! E dimmi: il tuo babbo e la tua mamma sono vivi?

– Il babbo sì, la mamma non l'ho mai conosciuta.

– Chi lo sa che dispiacere per il tuo povero padre se ti bruciassi... Povero vecchio! Mi fa compassione! *Etcì! Etcì! Etcì!*

– Salute!

– Ma anche io sono da compatire perché, vedi, non ho più legna per finire di cuocere il mio arrosto, e tu mi saresti stato molto utile. Ma pazienza! Ormai mi hai fatto pietà! Invece di te brucerò un altro dei miei burattini. Guardie!

Arrivano subito due carabinieri di legno, lunghi lunghi, secchi secchi, con il cappello nero in testa e la spada in mano.

Il Burattinaio ordina loro:

Prendete Arlecchino, legatelo bene e buttatelo a bruciare sul fuoco. Voglio che il mio arrosto sia cotto bene!

Il povero Arlecchino è così spaventato che cade sulle ginocchia.

Pinocchio allora va a gettarsi ai piedi del Burattinaio e, piangendo e bagnando di lacrime la lunga barba, dice:

– Pietà, signor Mangiafuoco!

– Qui non ci sono signori! – risponde duramente il Burattinaio.

– Pietà, signor Cavaliere!

– Qui non ci sono cavalieri!

– Pietà Eccellenza!

A sentirsi chiamare eccellenza il Burattinaio diventa all'improvviso più dolce e umano, e dice a Pinocchio:

– Che cosa vuoi da me?

– Ti chiedo pietà per il povero Arlecchino!

– No, non è possibile! Se ho risparmiato te ho bisogno di mettere sul fuoco lui, per cuocere bene il mio arrosto.

– In questo caso... – grida fieramente Pinocchio alzandosi

in piedi e buttando via il suo cappello di mollica di pane. – In questo caso conosco il mio dovere. Andrò io sul fuoco! Non è giusto che il povero Arlecchino, il mio caro amico, debba morire per me!

Queste parole, dette a voce alta e in tono eroico, fanno piangere tutti i burattini presenti nella stanza.

Mangiafuoco, all'inizio, rimane duro e immobile come un pezzo di ghiaccio. Ma poi, piano piano, comincia anche lui a commuoversi e a starnutire.

E dopo quattro o cinque starnuti apre le braccia e dice a Pinocchio:

– Tu sei un gran bravo ragazzo! Vieni qui da me e dammi un bacio!

Pinocchio corre subito, si arrampica sulla barba di Mangiafuoco e gli dà un bellissimo bacio sulla punta del naso.

– Dunque nessun burattino verrà bruciato?

– Sì, nessun burattino verrà bruciato! – risponde Mangiafuoco. E poi aggiunge, sospirando: – Pazienza! Questa sera mangerò il mio arrosto mezzo crudo...

I burattini sono così felici che corrono tutti sul palco e cominciano a saltare e a ballare fino all'alba.

Capitolo 13

Il giorno dopo Mangiafuoco chiama Pinocchio e gli domanda:
- Come si chiama tuo padre?
- Geppetto.
- E che lavoro fa?
- Il povero.
- Guadagna molto?
- Guadagna abbastanza per non avere mai un centesimo in tasca. Per comprarmi il libro di scuola ha dovuto vendere la sua vecchia giacca...
- Povero diavolo! Mi fa quasi compassione. Prendi queste cinque monete d'oro, portagliele subito e salutalo da parte mia.

Pinocchio ringrazia tanto Mangiafuoco, abbraccia tutti i burattini e, felice, torna verso casa.

Lungo la strada incontra una Volpe zoppa da un piede e un Gatto cieco da tutt'e due gli occhi, che camminano aiutandosi l'un l'altro. La Volpe, che è zoppa, si appoggia al Gatto per camminare. Il Gatto, che è cieco, si lascia guidare dalla Volpe.

- Buon giorno, Pinocchio! – gli dice la Volpe, salutandolo educatamente.

- Come sai il mio nome? – domanda il burattino.

- Conosco bene il tuo babbo.

- Dove l'hai visto?

- L'ho visto ieri sulla porta di casa tua.

- E che cosa faceva?

- Era in camicia e tremava dal freddo.

- Povero babbo! Ma da oggi in poi non tremerà più!

- Perché?

- Perché io sono diventato un gran signore.

- Un gran signore tu? – dice la Volpe, e comincia a ridere forte, e il Gatto ride anche lui, ma cerca di non farlo vedere pettinandosi i baffi.

- C'è poco da ridere! – grida Pinocchio offeso. – Queste sono cinque bellissime monete d'oro!

E tira fuori le monete che gli ha regalato Mangiafuoco.

Sentendo il suono delle monete la Volpe raddrizza la gamba che sembrava zoppa, e il Gatto spalanca gli occhi che sembravano ciechi, ma li richiude subito, infatti Pinocchio non si accorge di nulla.

- E ora cosa vuoi fare con queste monete?

- Prima di tutto voglio comprare al mio babbo una giacca nuova, tutta d'oro, d'argento e con i bottoni di diamanti. E poi voglio comprare un libro di scuola per me.

- Per te?

- Sì, perché voglio andare a scuola e studiare molto.

- Guarda me! Per la stupida passione di studiare ho perso una gamba. – dice la Volpe.

- Guarda me! Per la stupida passione di studiare ho perso la vista a tutti e due gli occhi. – aggiunge il Gatto.

In quel momento un Merlo bianco che stava su una siepe lì vicino, dice al burattino:

- Pinocchio, non ascoltare i consigli dei cattivi compagni:

sennò te ne pentirai!

Povero Merlo! Il Gatto fa un gran salto, lo prende in bocca e se lo mangia in un boccone, con le penne e tutto.

Capitolo 14

Dopo aver mangiato il Merlo, il Gatto si pulisce la bocca, chiude gli occhi e ricomincia a fare il cieco come prima.

– Povero Merlo! – dice Pinocchio al Gatto. – Perché l'hai trattato così male?

– L'ho fatto per dargli una lezione. Così impara a non metter bocca nei discorsi degli altri.

Continuano a camminare insieme per un po' quando la Volpe si ferma all'improvviso e dice al burattino:

– Vuoi raddoppiare le tue monete d'oro?

– Cosa vuoi dire?

– Vuoi trasformare i tuoi cinque zecchini in cento, mille, duemila monete?

– Magari! Ma in che modo?

– È facilissimo! Invece di tornare a casa tua, dovresti venire con noi.

– E dove andiamo?

– Nel paese dei Barbagianni.

Pinocchio ci pensa un po' e poi dice deciso:

– No, non ci voglio venire. Ormai sono vicino a casa e voglio andare dal mio babbo che mi aspetta. Chissà quanto è preoccupato, è da ieri che non mi vede. Purtroppo sono stato un figlio cattivo, e il Grillo-parlante aveva ragione quando mi ha detto: *I ragazzi disubbidienti non staranno mai bene in questo mondo.* E io l'ho imparato, perché mi sono successe cose terribili. Anche ieri a casa di Mangiafuoco ho rischiato la vita. Brrr! Mi vengono i brividi solo a pensarci.

– Dunque, – dice la Volpe, – vuoi proprio andare a casa tua? Allora vai pure e peggio per te!

– Sì, peggio per te! – ripete il Gatto.

– Pensaci bene, Pinocchio! Perché stai facendo un grande errore!

– Un grande errore! – ripete il Gatto.

– I tuoi zecchini potrebbero diventare duemila...

– Duemila! – ripete il Gatto.

– Ma com'è possibile che diventino così tanti? – domanda Pinocchio con la bocca aperta per lo stupore.

– Te lo spiego subito. – dice la Volpe. – Nel paese dei Barbagianni c'è un campo magico, chiamato Campo dei Miracoli. Vai in questo campo, fai una piccola buca e ci metti dentro per esempio uno zecchino d'oro. Poi ricopri la buca, l'annaffi con due secchi d'acqua di fontana e butti sopra la terra una manciata di sale. Durante la notte lo zecchino cresce, cresce, cresce... E il giorno dopo c'è un albero pieno di monete d'oro al posto della frutta.

– Dunque, – dice Pinocchio sempre più stupido, – se io metto sotto terra i miei cinque zecchini d'oro, quanti ne trovo il giorno dopo?

– È un conto facilissimo! – risponde la Volpe. – Ogni zecchino produce cinquecento zecchini, cinquecento per cinque, e la mattina dopo avrai in tasca duemilacinquecento zecchini d'oro.

– Oh, che bello! – grida Pinocchio ballando felice. – Quando avrò tutti questi zecchini ne tengo per me duemila e a voi due ne regalo cinquecento.

– Un regalo per noi? – grida la Volpe offesa. – Assolutamente no!

– Assolutamente no! – ripete il Gatto.

– Noi non lavoriamo per denaro, ma lavoriamo solo per arricchire gli altri.

– Gli altri! – ripete il Gatto.

– Che brave persone! – pensa Pinocchio, e si dimentica del povero babbo, della giacca, del libro di scuola... Alla fine dice al Gatto e alla Volpe:

– Andiamo! Vengo con voi!

Capitolo 15

Cammina, cammina, cammina fino a sera, Pinocchio, il Gatto e la Volpe arrivano stanchissimi all'osteria del Gambero Rosso.

– Fermiamoci un po' qui. – dice la Volpe. – Così mangiamo qualcosa e ci riposiamo qualche ora. A mezzanotte ripartiamo e domani, all'alba, siamo al Campo dei Miracoli.

Entrano nell'osteria e si mettono tutti e tre a tavola.

Il Gatto e la Volpe mangiano tantissimo: pesci, polli, conigli e ranocchi. Pinocchio, invece, ordina solo una noce e un pezzo di pane, ma è così emozionato per la storia del Campo dei Miracoli che non mangia niente.

Quando hanno finito la Volpe dice al padrone dell'osteria:

– Vogliamo due belle camere, una per il signor Pinocchio e un'altra per me e per il mio compagno. Prima di ripartire faremo un sonnellino. Ma a mezzanotte vogliamo essere svegliati per continuare il nostro viaggio.

– Sissignori! – risponde il padrone e strizza l'occhio al Gatto e alla Volpe.

Appena Pinocchio si mette nel letto si addormenta subito e comincia a sognare. Sogna di essere in mezzo a un campo, e questo campo è pieno di alberi con zecchini d'oro al posto della frutta. Ma quando Pinocchio, nel sogno, sta per prendere le monete dai rami, qualcuno bussa forte alla porta e lo sveglia.

È il padrone che dice: – È mezzanotte!

– I miei compagni sono pronti? – domanda il burattino.

– Sono partiti due ore fa.

– Perché tanta fretta?

– Il figlio del Gatto sta molto male, sono dovuti correre a casa.

– E la cena l'hanno pagata?

– Oh no! Sono troppo educati e non volevano offenderti...

– Peccato! Questa offesa mi avrebbe fatto tanto piacere... – dice Pinocchio, grattandosi la testa. Poi domanda:

– E hanno detto qualcosa?

– Sì, che ti aspettano domani al Campo dei Miracoli, all'alba.

Pinocchio paga uno zecchino d'oro per la sua cena e quella dei compagni, e dopo parte.

Fuori dell'osteria è molto buio e non si vede quasi nulla.

Mentre cammina nota su un albero un piccolo insetto luminoso.

– Chi sei? – chiede Pinocchio.

– Sono il fantasma del Grillo-parlante. – risponde l'insetto con una vocina debole debole.

– Cosa vuoi da me?

– Voglio darti un consiglio. Torna indietro e porta i quattro zecchini che ti sono rimasti al tuo povero babbo, che in questo momento piange e si dispera perché non sa dove sei.

– Domani il mio babbo sarà un gran signore, perché questi quattro zecchini diventeranno duemila.

– Non ti fidare delle persone che promettono di farti ricco dalla mattina alla sera. O sono matti o sono imbroglioni! Ascoltami: torna indietro!

– Io, invece, voglio andare avanti.

– È notte!

– Voglio andare avanti.

– È buio!

– Voglio andare avanti.

– La strada è pericolosa!

– Voglio andare avanti.

– Ricorda che i ragazzi capricciosi e testardi prima o poi finiscono male!

– Me l'hai già detto... Buona notte, Grillo.

– Buona notte, Pinocchio. E stai attento agli assassini!

Subito dopo, il fantasma del Grillo-parlante scompare e la strada sembra ancora più buia di prima.

Capitolo 16

Pinocchio continua a camminare verso il Campo dei Miracoli e parla da solo:

– Noi ragazzi siamo proprio sfortunati! Tutti ci criticano e ci danno consigli! Tutti pensano di essere i nostri babbi e i nostri maestri. Tutti: anche i Grilli-parlanti. Ma io non voglio ascoltarlo perché secondo lui mi succederanno tante cose brutte. Il Grillo dice che potrei incontrare anche degli assassini! Ma io agli assassini non ci credo e non ci ho mai creduto. Secondo me gli assassini sono stati inventati dai babbi, per far paura ai bambini che vogliono uscire di notte. E se poi li incontro veramente non mi fanno paura. Gli grido: *Signori assassini, che cosa volete da me? State attenti! Con me non si scherza! Andate via, e zitti!* Così scappano sicuramente. E se sono così maleducati da non scappare, allora scappo io...

Ma proprio in quel momento gli sembra di sentire dietro di sé un leggero rumore di foglie.

Si gira a guardare e vede due persone vestite di nero, con un cappuccio sulla testa, che corrono verso di lui, silenziose.

– Ecco gli assassini! – dice dentro di sé, e nasconde i quattro zecchini in bocca, sotto la lingua.

Poi prova a scappare, ma subito viene fermato e preso per le braccia. Due orribili voci gli dicono:

– O la borsa o la vita!

Pinocchio non può rispondere, perché ha le monete in bocca, e prova a spiegare con le mani che lui è un povero burattino senza un soldo.

– Basta! Fuori il denaro! – gridano minacciosamente i due delinquenti.

E Pinocchio fa dei gesti con la testa e con le mani come per dire: *Non ne ho*.

– Tira fuori il denaro o sei morto! – dice l'assassino più alto.

– Morto! – ripete l'altro.

– E dopo aver ammazzato te, ammazzeremo anche tuo padre!

– Anche tuo padre!

– No, no, il mio povero babbo no! – grida Pinocchio disperato, ma gridando si sente il suono degli zecchini che ha in bocca.

– Ah, imbroglione! Allora hai nascosto il denaro sotto la lingua! Sputalo subito!

Ma Pinocchio tiene chiusa la bocca.

– Ah, fai il sordo? Ci pensiamo noi a fartelo sputare!

Infatti uno di loro lo afferra per la punta del naso, l'altro per il mento. E cominciano a tirare, uno verso l'alto, l'altro verso il basso, per fargli aprire la bocca. Ma niente! La bocca del burattino rimane chiusa.

Allora l'assassino più basso tira fuori un coltello e cerca di aprirgli la bocca con quello. Ma Pinocchio è più veloce, gli morde forte la mano e riesce a scappare. Il burattino salta una siepe e corre verso la campagna.

Gli assassini gli vanno dietro, come due cani dietro a una lepre.

Dopo una corsa di quindici chilometri, Pinocchio è stanchissimo. Decide di arrampicarsi su di un albero, un pino, e si siede sui rami più alti.

Gli assassini tentano di arrampicarsi anche loro, ma non ci riescono e a metà dell'albero cadono a terra. Decidono allora di bruciare l'albero. Il pino prende subito fuoco e Pinocchio, che non vuole finire arrosto, fa un salto verso terra e ricomincia a scappare attraverso i campi. E gli assassini dietro, sempre dietro, senza stancarsi mai.

Intanto comincia a spuntare l'alba, quando Pinocchio deve fermarsi davanti a un fosso largo e profondissimo, pieno di acqua sporca, color caffellatte.

Che fare? Il burattino decide di saltare.

– Uno, due, tre! – grida il burattino e salta dall'altra parte.

E gli assassini saltano anche loro ma... *Patapunfete!* Cadono nel mezzo del fosso.

Pinocchio, ridendo e continuando a correre, grida:

– Buon bagno, signori assassini!

E pensa che siano morti affogati, ma quando si gira vede che sono usciti dal fosso e gli corrono dietro tutti e due.

Capitolo 17

Allora il burattino, senza più forze, ha quasi perso le speranze, quando vede in mezzo al verde una piccola casa lontana, bianca come la neve.

– Se riesco ad arrivare a quella casa sono salvo!

E continua a correre con gli assassini sempre dietro.

Dopo una corsa disperata di quasi due ore, finalmente arriva alla porta di quella casina, e bussa.

Nessuno risponde.

Bussa più forte perché sente gli assassini che si avvicinano.

Dalla casa lo stesso silenzio.

Allora Pinocchio comincia a tirare calci e testate alla porta e finalmente si affaccia alla finestra una bella bambina, con i capelli turchini e il viso bianco, gli occhi chiusi e le mani incrociate sul petto. La bambina dice, senza muovere la bocca:

– In questa casa non c'è nessuno. Sono tutti morti.

– Aprimi tu! – grida Pinocchio piangendo e disperandosi.

– Sono morta anche io.

– Morta? E allora cosa fai lì alla finestra?

– Aspetto la bara che mi porterà via.

Appena detto questo la bambina scompare e la finestra si richiude senza far rumore.

– Bella bambina dai capelli turchini! – grida Pinocchio. – Aprimi per piacere! Pietà per un povero ragazzo inseguito dagli assass...

Ma non riesce a finire la frase perché i due inseguitori lo prendono per il collo e gli dicono minacciosi:

– Ora non ci scappi più!

Il burattino vede la morte molto vicina e comincia a tremare.

– Dunque? – gli domandano gli assassini. – Vuoi aprire la

bocca sì o no? Ah, non rispondi? Questa volta te la faremo aprire noi!

E tirano fuori due coltelli lunghi e affilati come rasoi, *zaff...* Lo colpiscono alla schiena.

Ma per fortuna il burattino è fatto d'un legno durissimo, e i coltelli vanno in mille pezzi. Gli assassini rimangono con i manici dei coltelli in mano e si guardano in faccia.

– Ho capito! – dice uno di loro. – Bisogna impiccarlo! Impicchiamolo!

– Impicchiamolo! – ripete l'altro.

Detto fatto: gli legano le mani dietro la schiena e gli mettono una corda al collo. Poi lo attaccano al ramo di un grande albero, una quercia un poco lontana dalla casa bianca.

Si siedono sull'erba e aspettano che il burattino muoia. Ma Pinocchio, dopo tre ore, ha sempre gli occhi aperti, la bocca chiusa e si muove disperato.

Stanchi di aspettare, dicono al burattino:

– Addio a domani. E speriamo che quando domani torneremo qui, sarai così gentile da essere morto e con la bocca aperta.

E se ne vanno.

Intanto si è alzato un gran vento, che soffia con rabbia e sbatte a destra e a sinistra il povero burattino. Quel movimento gli stringe sempre di più la corda al collo e gli toglie il respiro.

A poco a poco gli occhi non vedono più. Anche se sente avvicinarsi la morte, spera che qualche persona buona lo salvi. Ma quando, aspetta aspetta, nessuno arriva, proprio nessuno, allora si ricorda il suo povero babbo... e dice moribondo:

– Babbo mio! Se tu fossi qui!

Ma non ha la forza di dire altro. Chiude gli occhi, apre la bocca e rimane improvvisamente immobile.

Capitolo 18

Mentre Pinocchio sembra più morto che vivo la bella bambina dai capelli turchini si affaccia di nuovo alla finestra, lo vede penzolare mosso dal vento e prova compassione per lui.

Allora batte tre volte le mani e aspetta.

All'improvviso si sente un gran rumore di ali e un grosso falco arriva veloce e si ferma sulla finestra.

– Che cosa comandi, mia bella Fata? – dice il Falco abbassando la testa con rispetto. Infatti la Bambina dai capelli turchini è una buonissima Fata che da più di mille anni abita in quel bosco.

– Vedi quel burattino attaccato al ramo della Quercia grande?

– Lo vedo.

– Dunque: vola subito laggiù e rompi con il tuo fortissimo

becco la corda che lo tiene sospeso in aria. Poi mettilo delicatamente per terra, sull'erba ai piedi della Quercia.

Il Falco vola via e dopo due minuti torna e dice:

– Quello che mi hai comandato è fatto!

– E come sta? Vivo o morto?

– Sembra morto, ma non deve essere morto perfettamente, perché appena gli ho tolto la corda dal collo ha fatto un sospiro e ha detto a bassa voce: *Ora mi sento meglio!*

Allora la Fata batte due volte le mani e appare il magnifico Can-barbone, che cammina diritto sulle zampe posteriori, come un uomo. È vestito come un cocchiere: con in testa un cappello a tre punte, una parrucca di riccioli bianchi e una giacca color cioccolata con due grandi tasche, dove tiene gli ossi che la padrona gli regala a pranzo. Poi porta un paio di pantaloni corti rossi e delle scarpe eleganti.

– Fai il bravo, Medoro! – dice la Fata al Can-barbone. – Prendi la carrozza e vai alla Quercia grande. Troverai sull'erba un burattino mezzo morto. Mettilo gentilmente in carrozza e portalo qui. Hai capito?

Il Can-barbone muove tre volte la coda e parte subito.

La carrozza è bellissima: è fatta di piume di uccello

all'esterno e di panna montata e crema con biscotti all'interno. Ed è tirata da duecento topolini bianchi.

Dopo un quarto d'ora la carrozza torna dalla Fata, che sta aspettando sulla porta di casa.

Prende in braccio il povero Pinocchio e lo porta in una bella cameretta all'interno. Poi chiama i più famosi dottori della zona.

E i medici arrivano subito. Ci sono un Corvo, una Civetta e un Grillo-parlante.

– Voglio sapere da voi, – dice la fata ai tre dottori, – se questo burattino è morto o vivo!

Il Corvo prende in mano il polso di Pinocchio per sentire il battito del cuore, poi gli tocca il naso e dopo il dito mignolo dei piedi. E dice solennemente:

– Secondo me il burattino è morto! Ma se per sfortuna non è morto, allora è sicuramente vivo!

– Mi dispiace, – dice la Civetta, – di dover contraddire il Corvo, mio caro amico e collega. Per me, invece, il burattino è sempre vivo. Ma se per sfortuna non è vivo, allora è sicuramente morto veramente!

– E lei non dice niente? – domanda la Fata al Grillo-parlante.

– Io dico che il medico intelligente, quando non sa cosa dire, è meglio se sta zitto. E poi quel burattino non mi è nuovo, lo conosco da tanto tempo!

Pinocchio, che è stato immobile fino a adesso, si muove improvvisamente per un attimo.

– Quel burattino lì è un birbante...

Pinocchio apre gli occhi e li richiude subito.

– È un monello, un pigro, un vagabondo...

Pinocchio si nasconde la faccia sotto il lenzuolo.

– Quel burattino lì è un figlio disubbidiente, che farà morire di tristezza il suo povero babbo!

A questo punto Pinocchio comincia a piangere sotto il lenzuolo.

– Quando il morto piange significa che sta guarendo. – dice solennemente il Corvo.

– Mi dispiace contraddire il mio caro amico e collega, – aggiunge la Civetta, – ma per me, quando il morto piange significa che gli dispiace morire.

Capitolo 19

Appena i tre medici sono usciti dalla camera la Fata si avvicina a Pinocchio, lo tocca sulla fronte e si accorge che ha la febbre altissima.

Allora prende una polverina bianca e la scioglie in mezzo bicchiere d'acqua. Poi la porge al burattino e gli dice con amore:

– Bevila, e in pochi giorni sarai guarito.

Pinocchio guarda il bicchiere, storce un po' la bocca e poi domanda con voce lamentosa:

– È dolce o amara?

– È amara, ma ti farà bene.

– Se è amara non la voglio.

– Dai retta a me: bevila.

– L'amaro non mi piace.

– Bevila: e quando l'avrai bevuta ti darò una pallina di zucchero, per addolcire la bocca.

– Dov'è la pallina di zucchero?

– Eccola qui, – dice la Fata, tirandola fuori da una zuccheriera d'oro.

– Prima voglio la pallina di zucchero, e poi bevo quell'acquaccia amara...

– Me lo prometti?

– Sì...

La fata gli dà la pallina, e Pinocchio la mastica e la ingoia in un attimo. Poi dice:

– Bella cosa se anche lo zucchero fosse una medicina! Mi ammalerei tutti i giorni!

– Ora mantieni la promessa e bevi queste poche gocce d'acqua, così guarisci.

Pinocchio prende svogliatamente il bicchiere in mano e ci infila dentro la punta del naso. Poi lo avvicina alla bocca. Poi

ci infila di nuovo la punta del naso. E alla fine dice:
- È troppo amara! Troppo amara! Io non la posso bere!
- Come fai a dirlo se non l'hai assaggiata?
- L'ho sentito dall'odore. Prima voglio un'altra pallina di zucchero... E poi la bevo!

Allora la Fata, con tutta la pazienza di una buona mamma, gli mette in bocca un altro po' di zucchero; e poi gli porge di nuovo il bicchiere.
- Così non la posso bere! - dice il burattino, facendo mille boccacce.
- Perché?
- Perché mi dà fastidio il cuscino che ho sui piedi.
- La Fata gli toglie il cuscino.
- È inutile! Neanche così la posso bere...
- Che cos'altro ti dà fastidio?
- Mi dà fastidio la porta della camera: è mezza aperta.

La Fata si alza e chiude la porta della camera.
- Insomma, - grida Pinocchio, scoppiando a piangere, - quest'acquaccia amara non la voglio bere! No, no, no!
- Ragazzo mio, te ne pentirai...
- Non m'importa...
- La tua malattia è grave...
- Non m'importa...
- La febbre ti farà morire in poche ore...
- Non m'importa...
- Non hai paura della morte?
- Per niente paura! Preferisco morire che bere quella medicina cattiva.

In quel momento la porta della camera si apre e entrano quattro conigli neri come l'inchiostro. Portano sulle spalle una piccola bara da morto.

– Che cosa volete da me? – grida Pinocchio, pieno di paura.

– Siamo venuti a prenderti! – risponde il coniglio più grosso.

– A prendermi? Ma io non sono ancora morto!

– Ancora no, ma ti restano pochi minuti di vita perché hai rifiutato di bere la medicina che ti avrebbe curato la febbre!

Capitolo 20

Quando Pinocchio sente le parole dei conigli urla tutto impaurito:
— Fata! Fata mia! Dammi subito quel bicchiere! In fretta, per favore, perché non voglio morire! No... Non voglio morire...

Il burattino prende il bicchiere con tutt'e due le mani e lo beve tutto d'un fiato.

— Pazienza! — dicono i conigli. — Per questa volta abbiamo fatto un viaggio a vuoto.

Si mettono di nuovo sulle spalle la piccola bara e escono dalla stanza, lamentandosi a bassa voce.

Dopo pochi minuti Pinocchio salta giù dal letto, completamente guarito, perché i burattini di legno si ammalano molto raramente e guariscono subito.

Pinocchio comincia a correre per la camera, tutto allegro, e la Fata gli domanda:
— Dunque la mia medicina ti ha fatto bene?
— Benissimo!
— E allora perché non volevi prenderla?
— Perché noi ragazzi siamo fatti così: abbiamo più paura delle medicine che del male.
— Vergogna! I ragazzi dovrebbero sapere che una buona medicina presa in tempo può salvarli da una grave malattia e forse anche dalla morte...
— Oh! Ma la prossima volta la prenderò subito! Mi ricorderò di quei conigli neri, con la bara sulle spalle... E allora prenderò subito il bicchiere in mano, e giù!
— Adesso vieni qui e raccontami perché gli Assassini ti volevano uccidere.

Allora Pinocchio racconta alla Fata tutta la storia degli zecchini d'oro di Mangiafuoco, del Gatto e della Volpe, del Campo dei Miracoli e degli Assassini.

– E ora le quattro monete dove le hai messe? – gli domanda la Fata.

– Le ho perse! – risponde Pinocchio. Ma dice una bugia, perché invece le ha in tasca. Appena detta la bugia il suo naso, che è già lungo, diventa un poco più lungo.

– E dove le hai perse?

– Nel bosco qui vicino.

Dopo questa seconda bugia il naso continua a crescere.

– Se le hai perse nel bosco vicino, – dice la Fata. – le possiamo cercare e ritrovare: perché tutto quello che si perde nel bosco vicino si ritrova sempre.

– Ah! Adesso che mi ricordo bene, – risponde il burattino confondendosi, – le quattro monete non le ho perse, ma le ho inghiottite per errore quando ho bevuto la medicina.

Dopo questa terza bugia, il naso gli diventa lunghissimo, che il povero Pinocchio non può muovere la testa. Se la gira a destra, il naso colpisce il letto o i vetri della finestra. Se la gira a sinistra colpisce le pareti o la porta. Se la alza un po' rischia di colpire la Fata in un occhio.

E la Fata lo guarda e ride.

– Perché ridi? – gli domanda il burattino, tutto confuso e impensierito per il suo naso che cresce.

– Rido della bugia che hai detto.

– Come sai che ho detto una bugia?

– Perché le bugie si riconoscono subito! Esistono due tipi di bugie: ci sono le bugie che hanno le gambe corte, e le bugie che hanno il naso lungo. La tua è del tipo del naso lungo.

Pinocchio, pieno di vergogna, prova a scappare dalla camera. Ma il suo naso è cresciuto tanto che non riesce a uscire dalla porta.

Capitolo 21

La Fata lascia Pinocchio piangere e urlare per mezzora, e lo fa per dare al burattino una grande lezione: deve imparare a non dire più le bugie, il più brutto vizio che possa avere un ragazzo.

Ma dopo un po' la Fata prova compassione per Pinocchio e allora batte insieme le mani e a quel suono entrano nella stanza dalla finestra mille grossi uccelli chiamati Picchi. Gli uccelli si mettono tutti sul naso di Pinocchio e cominciano a colpirlo con il becco. Così, dopo pochi minuti, quel naso enorme ritorna alla sua grandezza naturale.

– Quanto sei buona, Fata mia, – dice il burattino asciugandosi gli occhi dalle lacrime, – e quanto bene ti voglio!

– Ti voglio bene anch'io, – risponde la Fata, – e se vuoi rimanere con me, tu sarai il mio buon fratellino e io la tua buona sorellina...

– Io resterei volentieri... ma il mio povero babbo?

– Ho pensato a tutto. Il tuo babbo è già stato avvertito, e arriva qui stasera.

– Davvero? – grida Pinocchio, saltando dalla felicità.

– Allora, Fatina mia, se per te va bene vorrei andare incontro a mio padre sulla strada. Non vedo l'ora di poter dare un bacio a quel povero vecchio che ha sofferto tanto per me!

– Vai pure, ma stai attento a non perderti. Prendi la via del bosco, e sono sicurissima che lo incontrerai.

Pinocchio parte e appena entra nel bosco comincia a correre come una lepre. Ma quando arriva di fronte alla Quercia Grande si ferma, perché gli sembra di sentire un rumore lì vicino. Infatti vede apparire sulla strada la Volpe e il Gatto, i suoi vecchi compagni di viaggio, con cui ha cenato all'Osteria del Gambero Rosso.

– Ecco il nostro caro Pinocchio! – grida la Volpe

abbracciandolo e baciandolo. – Perché sei qui?

– Perché sei qui? – ripete il Gatto.

– È una storia lunga... – dice il burattino, – L'altra notte, quando mi avete lasciato solo all'osteria, ho trovato gli assassini per la strada...

– Gli assassini? Oh povero amico! E che cosa volevano?

– Mi volevano rubare le monete d'oro...

– Maledetti! – dice la Volpe.

– Maledettissimi! – ripete il Gatto.

– Ma io sono scappato, – continua il burattino, – e loro sempre dietro. Alla fine mi hanno raggiunto e mi hanno impiccato a un ramo di quella quercia.

E Pinocchio indica la Quercia Grande lì vicino.

– È terribile! – dice la Volpe. – In che mondo siamo condannati a vivere? Dove possiamo trovare un rifugio sicuro noi gentiluomini?

Mentre parlano, Pinocchio si accorge che il Gatto cammina a fatica, zoppicando dalla zampa destra, e gli domanda:

- Cosa hai fatto alla zampa?

Il Gatto vuole rispondere qualcosa ma si ferma confuso. Allora la Volpe dice subito:

- Il mio amico è troppo modesto, per questo non risponde. Rispondo io per lui: un'ora fa abbiamo incontrato sulla strada un vecchio lupo, quasi svenuto dalla fame, che non riusciva a camminare. E il Gatto, per aiutarlo a alzarsi e accompagnarlo al villaggio vicino, si è fatto male alla zampa.

- Sei veramente una brava persona, Gatto. - dice Pinocchio commosso.

- E ora cosa fai qui? - domanda la Volpe al burattino.

- Aspetto il mio babbo, che sarà qui fra poco.

- E le tue monete d'oro?

- Le ho sempre in tasca, meno una che ho speso all'osteria del Gambero Rosso.

- Domani quelle quattro monete possono diventare mille o duemila. Perché non segui il mio consiglio? Perché non vai a seminarle nel Campo dei Miracoli?

- Oggi è impossibile: ci vado un altro giorno.

- Un altro giorno sarà tardi. - dice la Volpe.

- Perché?

- Perché quel campo è stato comprato da un gran signore e da domani è vietato seminarci monete.

- Quanto è lontano da qui il Campo dei Miracoli?

- Solo due chilometri. Vuoi venire con noi? Fra mezzora sei là e semini subito le quattro monete. Dopo pochi minuti ne raccogli duemila e stasera ritorni qui con le tasche piene. Vuoi venire con noi?

Pinocchio esita un poco a rispondere, perché pensa alla buona Fata, al vecchio Geppetto e ai consigli del Grillo-parlante. Ma poi fa come fanno tutti i ragazzi senza giudizio e senza cuore, alza le spalle e dice alla Volpe:

- Andiamo pure, vengo con voi.

E partono.

Capitolo 22

Dopo una mezza giornata di cammino arrivano a una città chiamata Acchiappa-citrulli. Appena entrato in città Pinocchio vede tutte le strade piene di cani spelacchiati che chiedono da mangiare, di pecore senza pelo che tremavano dal freddo, di grosse farfalle, che non possono più volare perché hanno venduto le loro bellissime ali colorate. E tanti altri animali tristi e affamati.

In mezzo a questa folla di poveracci passa ogni tanto una bella carrozza con dentro o una volpe, o una gazza ladra, o un uccellaccio da rapina.

— E il Campo dei Miracoli dov'è? – domanda Pinocchio.

— È qui vicino.

— Attraversano dunque tutta la città e si fermano a un campo solitario, che sembra un campo normalissimo.

— Eccoci arrivati. – dice la Volpe al burattino. – Ora fai nella terra con le mani una piccola buca e mettici dentro le monete d'oro.

Pinocchio ubbidisce e ci mette dentro le quattro monete d'oro che gli sono rimaste. E dopo ricopre la buca con un po' di terra.

– Adesso vai alla fontana qui vicino e riempi un secchio d'acqua. Poi torna e annaffia il terreno dove hai seminato.

Pinocchio va alla fontana ma poiché non ha un secchio, si toglie una scarpa, la riempie d'acqua, torna al Campo dei Miracoli e annaffia la terra. Poi domanda:

– Devo fare qualcos'altro?

– Nient'altro, – risponde la Volpe. – Ora possiamo andare via. Tu poi ritorna qui tra venti minuti e troverai un piccolo albero con i rami pieni di monete d'oro.

Il povero burattino, felicissimo, ringrazia mille volte la Volpe e il Gatto, e promette loro un bellissimo regalo.

– Noi non vogliamo regali. – rispondono. – Noi siamo felici di averti insegnato come arricchirti senza fare fatica. E questo ci basta.

Poi salutano Pinocchio, gli augurano un buon raccolto, e se ne vanno.

Il burattino, ritornato in città, comincia a contare i minuti. Quando gli sembra che sia passato abbastanza tempo, riprende la strada verso il Campo dei Miracoli.

Mentre cammina velocemente il cuore gli batte forte e gli fa *tic tac tic tac*, come un orologio. E intanto pensa dentro di sé:

– E se invece di mille monete ne trovassi sui rami duemila? E se invece di duemila ne trovassi cinquemila? E se invece di cinquemila ne trovo centomila? Oh che bel signore che diventerei! Vorrei avere un bel palazzo, mille cavallini di legno, una cantina di liquori dolci e una libreria tutta piena di canditi, di torte, di panettoni, di torroni e di biscotti con la panna.

Mentre fantastica così, arriva vicino al campo e si ferma a guardare se c'è un albero con i rami pieni di monete: ma non vede nulla.

Fa altri cento passi in avanti: e nulla. Entra nel campo, va proprio su quella piccola buca dove ha sotterrato i suoi zecchini, e nulla. Allora diventa molto pensieroso, tira fuori una mano dalla tasca e comincia a grattarsi la testa...

Capitolo 23

Mentre Pinocchio osserva confuso la terra, all'improvviso sente una grande risata, guarda in alto e vede sopra un albero un grosso pappagallo che si pulisce le ali con il becco.

— Perché ridi? — gli domanda Pinocchio con voce irritata.

— Rido perché mi sono fatto il solletico con il becco.

Il burattino non risponde. Va alla fontana, riempie d'acqua la solita scarpa e annaffia nuovamente la terra che ricopre le monete d'oro.

E all'improvviso un'altra risata, ancora più forte della prima, si sente nella solitudine silenziosa di quel campo.

— Insomma, — grida Pinocchio, arrabbiato, — posso sapere, Pappagallo maleducato, di che cosa ridi?

– Rido di quei barbagianni che credono a tutte le stupidaggini e che si lasciano ingannare da chi è più furbo di loro.

– Parli forse di me?

– Sì, parlo di te, povero Pinocchio, di te che sei così sciocco da credere che il denaro si possa seminare e raccogliere nei campi, come si seminano i fagioli e le zucche. Anch'io l'ho creduto una volta e oggi ne pago le conseguenze. Oggi (ma troppo tardi!) ho imparato che per mettere insieme onestamente pochi soldi è necessario guadagnarli con il lavoro delle proprie mani o con l'ingegno della propria testa.

– Non ti capisco, - dice il burattino, che già comincia a tremare dalla paura.

– Pazienza! Mi spiego meglio, – aggiunge il Pappagallo. – Mentre tu eri in città, la Volpe e il Gatto sono tornati in questo campo, hanno preso le monete sotterrate e poi sono fuggiti come il vento. E ora chi li raggiunge è bravo!

Pinocchio resta a bocca aperta e non vuole credere alle parole del Pappagallo. Comincia con le mani e con le unghie a scavare il terreno che ha annaffiato. E scava, scava, scava, ma le monete non ci sono più.

Allora, disperato, torna di corsa in città e va in tribunale per denunciare i due delinquenti che lo hanno derubato.

Il giudice è uno scimmione della razza dei Gorilla: un vecchio scimmione rispettabile per la sua grande età, per la sua barba bianca e specialmente per i suoi occhialini d'oro.

Pinocchio racconta al giudice la truffa di cui è stato vittima: dice il nome, il cognome e l'aspetto dei delinquenti. E finisce chiedendo giustizia.

Il giudice lo ascolta con molto affetto, si intenerisce e si commuove. E quando il burattino ha finito il racconto suona un campanello.

Arrivano subito due cani mastini vestiti da carabinieri.

– Questo povero burattino è stato derubato di quattro monete d'oro: prendetelo e mettetelo in prigione.

Pinocchio rimane senza parole e vorrebbe protestare, ma i carabinieri non perdono tempo e lo portano subito in prigione.

Il povero burattino rimane in prigione per quattro mesi, quattro lunghissimi mesi.

Così vanno le cose nella città Acchiappa-Citrulli, i delinquenti stanno fuori e gli stupidi truffati vanno in prigione.

Capitolo 24

Un bel giorno, dopo quattro mesi, Pinocchio è finalmente libero e fuori dalla prigione.

Il burattino è allegrissimo, lascia subito la città e cammina verso la casa della Fata.

Piove forte e la strada è piena di fango, ma Pinocchio corre e salta veloce perché il desiderio di vedere il suo babbo e la sua sorellina dai capelli turchini è grandissimo.

Intanto dice fra sé e sé:

– Quante sfortune mi sono successe, ma me le sono meritate! Perché io sono un burattino testardo e capriccioso... E voglio fare sempre le cose a modo mio, senza ascoltare quelli che mi vogliono bene e che sono più saggi di me. Ma da adesso voglio cambiare vita e diventare un ragazzo buono e ubbidiente. Tanto ormai ho visto che i ragazzi disubbidienti finiscono male. E il mio babbo mi avrà aspettato? Lo troverò a casa della Fata? È così tanto tempo che non lo vedo e vorrei abbracciarlo e riempirlo di baci. E la Fata mi perdonerà la brutta azione che ho fatto? Lei che mi ha tanto aiutato e che ha salvato la mia vita! Sono proprio un ragazzo ingrato e senza cuore...

Mentre parla così, si ferma all'improvviso spaventato e fa quattro passi indietro.

Disteso sulla strada c'è un grosso Serpente, con la pelle verde, gli occhi di fuoco e una coda a punta da cui esce del fumo nero.

Il burattino è pieno di paura, corre lontano a nascondersi sopra un monticello di sassi e aspetta che il Serpente se ne vada per i fatti suoi e lasci libera la strada.

Aspetta un'ora, due ore, tre ore... Ma il Serpente è sempre là e, anche da lontano, si vede il rosso dei suoi occhi di fuoco e la colonna di fumo che gli esce dalla punta della coda.

Allora Pinocchio si fa coraggio e si avvicina a pochi passi di distanza. Poi fa una vocina dolce e dice al Serpente:

– Scusi, signor Serpente, si sposterebbe un poco per farmi passare?

È come parlare a un muro. Nessuno si muove.

Allora, con la solita vocina:

– Deve sapere, signor Serpente, che io vado a casa dove c'è il mio babbo che mi aspetta e che è tanto tempo che non lo vedo... Va bene se continuo per la mia strada?

Pinocchio aspetta un segno di risposta a quella domanda ma la risposta non arriva: anzi il Serpente, che prima sembrava pieno di vita, diventa immobile e rigido. Gli occhi si chiudono e la coda smette di fumare.

– Che sia morto davvero? – dice Pinocchio tutto contento sfregandosi le mani, e subito prova a passargli sopra per andare dall'altra parte della strada. Ma non ha ancora finito di alzare una gamba che il Serpente si alza all'improvviso e il burattino inciampa e cade per terra.

E cade così male che resta con la testa dentro al fango della strada e le gambe in aria.

Quando il Serpente vede il burattino a testa in giù, che muove le gambe come un matto, inizia a ridere. E ride, ride, ride così forte che alla fine gli viene un infarto e muore per davvero.

Allora Pinocchio ricomincia a correre verso la casa della Fata prima che venga il buio. Ma lungo la strada ha troppa fame e decide di andare in un campo lì vicino a mangiare un po' d'uva. Ma che sfortuna! Appena arrivato sotto la vite, *crac*... sente stringersi le gambe da due ferri taglienti, che gli fanno malissimo.

Il povero burattino è rimasto preso da una tagliola, messa là da un contadino per catturare gli animali selvatici che vengono a mangiare i suoi polli.

Capitolo 25

Pinocchio si mette a piangere e a urlare, ma è tutto inutile, perché lì vicino non ci sono case e sulla strada non passa nessuno.

Intanto arriva la notte.

Il povero burattino, un po' per il dolore alla gamba e un po' per la paura di trovarsi solo di notte, sta quasi per svenire, quando all'improvviso vede una Lucciola che passa vicino alla sua testa. La chiama e le dice:

– Oh Lucciolina, potresti per favore liberarmi da questa sofferenza?

– Povero figliolo! – risponde la Lucciola, e si ferma impietosita a guardarlo. – Perché sei rimasto intrappolato tra quei due ferri?

– Sono entrato nel campo per raccogliere due grappoli di uva, e...

– Ma l'uva era tua?

– No...

– E chi ti ha insegnato a prendere le cose degli altri?

– Avevo fame...

– La fame, ragazzo mio, non è una buona ragione per prendere le cose che non sono nostre...

– È vero, è vero! – grida Pinocchio piangendo, – ma un'altra volta non lo farò più.

A questo punto il dialogo è interrotto da un piccolissimo rumore di passi che si avvicinano.

È il padrone del campo che viene a vedere se c'è qualche animale selvatico intrappolato nella tagliola.

E la sua sorpresa è grandissima quando vede che invece di un animale c'è un ragazzo.

– Ah ladruncolo! – dice il contadino arrabbiato, – Allora sei tu che mi porti via le galline?

– Io no, io no! – grida Pinocchio, singhiozzando. – Io sono

entrato nel campo solo per prendere due grappoli d'uva!

– Chi ruba l'uva è capacissimo di rubare anche i polli. Ti darò una lezione che ricorderai per molto tempo!

E aperta la tagliola prende il burattino per il collo e lo porta fino a casa sua.

Arrivato davanti a casa lo butta per terra e, mentre gli tiene un piede sul collo, gli dice:

– Ormai è tardi e voglio andare a letto. Domani facciamo i conti. Intanto, siccome oggi mi è morto il cane che faceva la guardia di notte, tu predi subito il suo posto. Tu mi farai da cane da guardia.

Detto fatto, gli infila al collo un grosso collare legato a una lunga catena di ferro.

– Se questa notte piove, – dice il contadino, – puoi andare in quel casotto di legno, dove c'è sempre per terra la paglia che ha usato per letto il mio povero cane, per quattro anni. E se arrivano i ladri ricordati di abbaiare forte.

Dopo queste parole il contadino entra in casa e chiude la porta a chiave. Il povero Pinocchio rimane per terra di fronte alla casa, più morto che vivo per il freddo, la fame e la paura.

– Mi sta bene! Purtroppo mi sta bene! Ho voluto fare lo svogliato, il vagabondo... Ho ascoltato i cattivi compagni e per questo la sfortuna mi segue sempre. Se fossi stato un ragazzino per bene, come ce ne sono tanti, se avessi voluto studiare e lavorare, se fossi rimasto in casa con il mio povero babbo, adesso non sarei qui in mezzo ai campi, a fare la guardia alla casa di un contadino. Oh, se potessi rinascere un'altra volta! Ma ormai è tardi, e ci vuole pazienza!

Detto questo entra dentro il casotto e si addormenta.

Capitolo 26

Pinocchio dorme ormai da due ore quando, verso mezzanotte, viene svegliato da un bisbiglio e da un pissi-pissi di vocine strane. Mette fuori allora la punta del naso dal casotto e vede un gruppo di quattro animali che stanno parlando. Sembrano gatti. Ma non sono gatti, sono faine: animaletti carnivori, golosi specialmente di uova e di polli. Una di queste faine si separa dalle compagne, va al casotto e dice sottovoce:

– Buona sera, Melampo.

– Io non mi chiamo Melampo. – risponde il burattino.
– E allora chi sei?
– Io sono Pinocchio.
– E che cosa fai lì?
– Faccio il cane da guardia.
– E Melampo dov'è? Dov'è il vecchio cane che stava in questo casotto?
– È morto questa mattina.
– Morto? Povera bestia! Era tanto buono! Ma giudicandoti dall'aspetto anche tu mi sembri un cane gentile.
– Ma io non sono un cane!
– E chi sei?

– Io sono un burattino.

– E fai il cane da guardia?

– Purtroppo, come punizione!

– Allora io ti propongo gli stessi patti che avevo con il defunto Melampo: e sarai contento.

– E quali sono questi patti?

– Noi verremo una volta alla settimana, come in passato, a visitare di notte questo pollaio, e porteremo via otto galline. Di queste galline sette le mangeremo noi, e una la daremo a te. Però devi fare finta di dormire e non abbaiare mai, così non sveglierai il contadino.

– E Melampo faceva proprio così? – domanda Pinocchio.

– Faceva così, e siamo sempre andati d'accordo. Dormi dunque tranquillamente e domani mattina ti lasceremo sul casotto una bella gallina pelata pronta per la colazione. Siamo d'accordo?

– Anche troppo bene! – risponde Pinocchio.

Poi le quattro faine vanno sicure al pollaio, che si trova di fronte e vicinissimo al casotto del cane. Aprono la porticina di legno con i denti e le unghie ed entrano una dopo l'altra. Ma all'improvviso sentono la porticina che si chiude dietro di loro con grande violenza.

È stato Pinocchio! E per sicurezza ci mette davanti anche una grossa pietra.

Poi comincia ad abbaiare, e abbaia proprio come un cane da guardia, facendo con la voce bu-bu-bu-bu.

A quell'abbaiata il contadino salta giù dal letto, prende il fucile e si affaccia alla finestra.

– Cosa succede? – domanda.

– Ci sono i ladri! – risponde Pinocchio.

– Dove sono?

– Nel pollaio.

– Ora scendo subito.

E infatti il contadino scende di corsa, entra nel pollaio e

mette le quattro faine dentro un sacco. Poi dice loro felice:

– Alla fine vi ho catturato! Potrei punirvi ma non sono così vigliacco! Invece vi porterò domani dall'oste del paese vicino, che vi cucinerà e vi darà ai suoi clienti. È un onore che non vi meritate, ma sono un uomo generoso!

Quindi si avvicina a Pinocchio, comincia a fargli molte carezze e gli domanda:

– Come hai fatto a scoprire queste ladre? Melampo, il mio fidato Melampo, non si era mai accorto di nulla...

Il burattino, allora, sta per raccontare al contadino dei patti disonesti fra le faine e il cane, ma poi si ricorda che Melampo è morto e pensa dentro di sé:

– A che serve accusare i morti? I morti sono morti e la migliore cosa da fare è lasciarli in pace!

– Quando sono arrivate le faine eri sveglio o dormivi? – continua a chiedergli il contadino.

– Dormivo, – risponde Pinocchio, – ma le faine mi hanno svegliato con le loro chiacchiere, e una è venuta qui al casotto e mi ha detto: «Se prometti di non abbaiare e di non svegliare il padrone, noi ti regaliamo una bella pollastra!» Capisci? Fare a me una simile proposta! Perché io sono un burattino che ha tutti i difetti di questo mondo, ma non avrò mai il difetto di aiutare la gente disonesta!

– Bravo ragazzo! – grida il contadino battendogli una mano sulla spalla. – Questi sentimenti ti fanno onore: e per dimostrarti la mia gratitudine ti lascio libero di tornare a casa tua.

E gli leva il collare da cane.

Capitolo 27

Appena Pinocchio non sente più il peso del collare al collo comincia subito a correre attraverso i campi, verso la casa della Fata.

Quando arriva sulla strada grande si guarda intorno e vede il bosco dove sfortunatamente ha incontrato la Volpe e il Gatto. Vede in mezzo agli alberi la punta della Quercia grande, dove era stato appeso per il collo. Ma guarda di qua, guarda di là, non riesce a vedere la piccola casa della bella Bambina dai capelli turchini.

Allora ha un triste presentimento e corre più veloce che può fino al prato dove una volta c'era la Casina bianca. Ma la Casina bianca non c'è più. C'è, invece, una piccola pietra di marmo con queste parole:

QUI RIPOSA

LA BAMBINA DAI CAPELLI TURCHINI

MORTA DI DOLORE

PERCHÉ IL SUO FRATELLINO PINOCCHIO

L'HA ABBANDONATA

Pinocchio non sa leggere bene ma dopo un po' capisce il significato di cosa c'è scritto. Allora cade in ginocchio, piange e bacia la pietra. Piange tutta la notte e la mattina dopo sta ancora piangendo, anche se i suoi occhi non hanno più lacrime. E piangendo dice:

– Fatina mia, perché sei morta? Perché invece di te non sono morto io, che sono tanto cattivo, mentre tu eri tanto buona? E il mio babbo, dov'è? Fatina mia, dimmi dove posso trovarlo, perché voglio stare sempre con lui, e non lasciarlo più! Più! Più! Fatina mia, dimmi che non è vero che sei morta! Se davvero mi vuoi bene... Se vuoi bene al tuo fratellino... Ritorna viva! Ritorna viva come prima! Non ti dispiace a vedermi solo e abbandonato da tutti? Se arrivano gli assassini mi appenderanno di nuovo al ramo dell'albero... e allora morirò per sempre. Cosa vuoi che faccia qui, solo in questo mondo? Ora che ho perduto te e il mio babbo chi mi darà da mangiare? Dove andrò a dormire la notte? Chi mi farà la giacca nuova? Oh! Sarebbe meglio che morissi anch'io! Ih! Ih! Ih!

E mentre si dispera così cerca di strapparsi i capelli, ma i suoi capelli sono di legno e non può neanche infilarci le dita...

In quel momento passa in alto nel cielo un grande colombo, vede Pinocchio e gli grida:

– Dimmi bambino, cosa fai laggiù?

– Non lo vedi? Piango! – dice Pinocchio mentre alza la testa verso quella voce e si asciuga gli occhi con la manica della giacca.

– Dimmi, – aggiunge allora il Colombo, – conosci per caso fra i tuoi compagni un burattino che si chiama Pinocchio?

– Pinocchio? Hai detto Pinocchio? – ripete il burattino saltando subito in piedi. – Pinocchio sono io!

Il Colombo, a questa risposta, scende velocemente a terra. È più grosso di un tacchino.

– Conosci dunque anche Geppetto? – domanda al burattino.

– Se lo conosco? È il mio povero babbo! Ti ha forse parlato di me? Mi porti da lui? Ma è sempre vivo? Rispondimi per favore: è sempre vivo?

– L'ho visto tre giorni fa sulla spiaggia del mare.

– Che cosa faceva?

– Stava costruendo una piccola barchetta per attraversare l'Oceano. Quel pover'uomo sono più di quattro mesi che gira per il mondo in cerca di te: poiché non ti ha trovato ha deciso di cercarti nei paesi lontani del nuovo mondo.

– Quanto è lontana quella spiaggia? – domanda Pinocchio ansioso.

– Più di mille chilometri.

– Mille chilometri? Colombo mio, che bella cosa sarebbe avere le tue ali!

– Se vuoi venire ti ci porto io.

– Come?

– Sopra di me. Pesi molto?

– Peso? Al contrario! Sono leggero come una foglia.

Pinocchio allora salta sul Colombo, mette una gamba di qua e l'altra di là e grida tutto contento:

– Vai, vai, che voglio arrivare presto!

Capitolo 28

Il Colombo prende il volo e in pochi minuti arriva così in alto che quasi tocca le nuvole. Arrivato a questa altezza straordinaria il burattino guarda curioso verso il basso, ma gli viene così tanta paura di cadere che abbraccia forte forte il collo dell'uccello.

Volano tutto il giorno e, verso sera, il Colombo dice:
- Ho una grande sete!
- E io ho una grande fame!
- Fermiamoci a questa colombaia pochi minuti, e dopo ci rimettiamo in viaggio, per essere domani mattina all'alba sulla spiaggia del mare.

Entrano in una colombaia deserta, dove c'è solo un secchio d'acqua e un cestino pieno di semi di veccia.

Il burattino, in vita sua, non ha mai sopportato i semi di veccia: gli fanno venire la nausea e lo disgustano. Ma questa sera ne mangia tantissimi e, quando ha finito, dice al Colombo:

– Non avrei mai creduto che le veccie fossero così buone!

– Devi sapere, ragazzo mio, – risponde il Colombo, – che quando la fame è vera e non c'è altro da mangiare, anche le veccie diventano squisite! La vera fame non è capricciosa o schizzinosa.

Dopo il veloce spuntino riprendono il viaggio e via! La mattina dopo arrivano sulla spiaggia del mare. Il Colombo mette a terra Pinocchio e, senza perdere tempo a farsi ringraziare per la sua buona azione, riprende subito il volo e sparisce.

La spiaggia è piena di gente che urla e gesticola indicando il mare.

– Cos'è successo? – domanda Pinocchio a una vecchietta.

– Un povero babbo che ha perduto il figlio ha preso una barchetta ed è andato a cercarlo in mare. Ma il mare oggi è molto cattivo e la barchetta sta per andare sott'acqua...

– Dov'è la barchetta?

– Eccola laggiù! – dice la vecchietta indicando una piccola barca che a quella distanza sembra un guscio di noce con dentro un uomo piccolo piccolo.

Pinocchio guarda attentamente da quella parte e poi grida:

– Quello è il mio babbo! Quello è il mio babbo!

Intanto la barchetta è sbattuta su e giù da grandi onde. Pinocchio va sulla cima di uno scoglio e chiama il suo babbo e gli fa dei segnali con le mani e con il cappello.

E sembra che Geppetto, anche se molto lontano dalla spiaggia, riconosca il figlio, perché si toglie il cappello anche lui e lo saluta. Con i gesti spiega al burattino che il mare è così in tempesta che non può tornare alla spiaggia.

All'improvviso arriva una terribile onda e la barca sparisce.

Pinocchio aspetta che la barca torni a galla, ma la barca non si vede più.

– Pover'uomo! – dicono allora i pescatori sulla spiaggia. Poi recitano sottovoce una preghiera e stanno per tornare verso le loro case quando sentono un urlo disperato.

È Pinocchio che si butta in mare gridando:

– Voglio salvare il mio babbo!

Il burattino, che è di legno, galleggia facilmente e nuota come un pesce. Alla fine arriva così lontano che i pescatori non lo vedono più.

– Povero ragazzo! – dicono allora gli uomini sulla spiaggia. Poi recitano sottovoce una preghiera e tornano alle loro case.

Capitolo 29

Pinocchio è pieno di speranza: vuole aiutare il suo povero babbo in mare e nuota tutta la notte.

È una notte terribile! Diluvia, grandina, tuona spaventosamente, e con dei lampi così forti che sembra giorno.

Quando arriva il mattino il burattino riesce a vedere poco lontano una lunga striscia di terra. È un'isola in mezzo al mare.

Allora prova ad arrivare a quella spiaggia: nuota, nuota, nuota, ma inutilmente. Le onde lo spostano a destra e a sinistra ma non riesce ad avvicinarsi. Alla fine, per fortuna, arriva un'onda così potente che lo scaraventa sulla sabbia del lido.

Il colpo è molto forte ma Pinocchio si consola subito e dice:

– Anche questa volta ce l'ho fatta!

Intanto, a poco a poco, il cielo diventa sereno, il sole appare in tutto il suo splendore e il mare diventa tranquillissimo e liscio come l'olio.

Allora il burattino distende i suoi vestiti al sole per asciugarli e si mette a guardare di qua e di là per vedere se c'è un piccola barca in mare con un uomo dentro.

Ma dopo aver guardato ben bene, vede soltanto cielo e mare.

– Chissà come si chiama quest'isola? – dice. – Chissà chi vive qui? Spero che sia abitata da persone gentili, persone che non appendono i ragazzi ai rami degli alberi. Ma a chi posso domandarlo? A chi, se non c'è nessuno?

Quest'idea di trovarsi solo, solo, solo in mezzo a quell'isola disabitata gli fa venire una grande malinconia, che quasi piange. Quando all'improvviso, poco lontano dalla riva, vede un grosso pesce che nuota tranquillo, con la testa fuori dall'acqua. Il burattino gli grida ad alta voce, per farsi sentire:

– Ehi, signor pesce, posso disturbarti?

– Certamente! – risponde il pesce, che è un Delfino molto educato.

– Puoi dirmi se in quest'isola ci sono dei paesi dove posso mangiare, senza pericolo di essere mangiato?

– Ce ne sono di sicuro, – risponde il Delfino. – Anzi, ne trovi uno poco lontano da qui.

– E qual è la strada per andarci?

– Devi prendere quel sentiero là, a sinistra, e camminare sempre dritto. Non puoi sbagliare.

– Dimmi un'altra cosa. Tu che passeggi tutto il giorno e tutta la notte per il mare, hai visto una piccola barchetta con dentro il mio babbo?

– E chi è il tuo babbo?

– È il babbo più buono del mondo, come io sono il figlio più cattivo...

– Con la tempesta che c'è stata questa notte, – risponde il Delfino, – la barchetta è andata probabilmente sott'acqua.

– E il mio babbo?

– Forse l'ha inghiottito il terribile Pescecane, che da qualche giorno nuota nelle nostre acque.

– È molto grosso questo Pescecane? – domanda Pinocchio, che comincia già a tremare dalla paura.

– Sì che è grosso! – risponde il Delfino. – Per farti capire: è più grosso di una casa a cinque piani, e ha una bocca così grande e profonda che può contenere un treno!

– Mamma mia! – grida spaventato il burattino. Poi si riveste velocemente e dice al Delfino:

– Arrivederci, signor pesce. Mi scuso per il fastidio e grazie mille per la sua gentilezza.

Detto questo, Pinocchio prende il sentiero e comincia a camminare veloce, così veloce che sembra correre. E ogni piccolo rumore che sente si volta subito a guardare indietro, per la paura di essere inseguito da quel terribile pescecane, grosso come una casa di cinque piani e con un treno in bocca.

Capitolo 30

Dopo mezzora di strada Pinocchio arriva ad un piccolo paese chiamato *Il paese delle Api industriose*. Le strade sono piene di persone che corrono di qua e di là: tutti lavorano, tutti hanno qualcosa da fare. Non ci sono vagabondi o persone pigre da nessuna parte.

– Ho capito, – dice subito quello svogliato di Pinocchio, – questo paese non è fatto per me! Io non sono nato per lavorare!

Ma il burattino comincia ad avere molta fame perché sono passate più di ventiquattro ore dall'ultimo pasto.

Che fare?

Ci sono solo due possibilità: o chiedere un po' di lavoro, o chiedere la carità per un po' di denaro o un pezzo di pane.

A chiedere la carità il burattino si vergogna: perché il suo babbo gli ha sempre detto che la carità hanno il diritto di chiederla solo i vecchi e i malati. I veri poveri sono quelli che per l'età o la malattia non possono più guadagnarsi il pane con il lavoro delle proprie mani. Tutti gli altri hanno l'obbligo di lavorare: e se non lavorano e soffrono la fame, tanto peggio per loro.

In quel momento passa per la strada un uomo tutto sudato e affannato, che tira con grande fatica due carretti pieni di carbone

Pinocchio, giudicandolo dall'aspetto un buon uomo, gli si avvicina e, abbassando gli occhi per la vergogna, gli chiede sottovoce:

– Mi faresti la carità di darmi un soldo, perché mi sento morire di fame?

– Non un soldo solo, – risponde il carbonaio, – ma te ne do quattro, a patto che tu mi aiuti a tirare fino a casa questi due carretti di carbone.

– Ma come? – risponde il burattino quasi offeso, – Io non ho mai fatto il somaro: non ho mai tirato il carretto!

– Meglio per te! – risponde il carbonaio.– Allora, ragazzo mio, se ti senti davvero morire di fame, mangia due belle fette della tua superbia e stai attento a non prendere un'indigestione.

Dopo pochi minuti passa per la via un muratore, che porta sulle spalle un secchio di calce.

– Gentile signore, faresti la carità di un soldo a un povero ragazzo che muore di fame?

– Volentieri: vieni con me a portare la calce, – dice il muratore, – e invece di un soldo te ne do cinque.

– Ma la calce è pesante, – risponde Pinocchio, – e io non voglio fare fatica.

– Se non vuoi fare fatica, allora, ragazzo mio, divertiti a morir di fame, e buona fortuna.

In meno di mezzora passano altre venti persone, e a tutte Pinocchio chiede un po' di carità, ma tutte gli rispondono:

– Non ti vergogni? Invece di fare il fannullone per la strada vai invece a cercarti un po' di lavoro e impara a guadagnarti il pane!

Alla fine passa una buona donna che porta due brocche d'acqua.

– Posso bere, buona donna, un sorso d'acqua della tua brocca? – dice Pinocchio, che muore di sete.

– Bevi pure, ragazzo mio! – dice la donna, mettendo le due brocche a terra.

Dopo aver bevuto come una spugna, il burattino dice a bassa voce, asciugandosi la bocca:

– La sete me la sono tolta! Mi piacerebbe togliermi anche la fame...

La buona donna, sentendo queste parole, aggiunge subito:

– Se mi aiuti a portare a casa una di queste brocche d'acqua, ti do un bel pezzo di pane.

Pinocchio guarda la brocca, e non risponde né sì né no.

– E insieme con il pane ti do un bel piatto di cavolfiori condito con l'olio e con l'aceto... – aggiunge la buona donna.

Pinocchio guarda ancora la brocca e non risponde né sì né no.

– E dopo il cavolfiore ti do un bel cioccolatino.

Alla fine Pinocchio non resiste più e dice:

– Pazienza! Ti porto la brocca fino a casa!

La brocca è molto pesante e il burattino non ha la forza di portarla con le mani, allora se la mette in testa.

Arrivati a casa, la buona donna fa sedere Pinocchio a una piccola tavola apparecchiata e gli mette davanti il pane, il cavolfiore condito e il cioccolatino.

Pinocchio mangia con gran gusto e velocemente: il suo stomaco gli sembrava una stanza rimasta vuota e disabitata da cinque mesi.

Calmata a poco a poco la fame, il burattino alza la testa per ringraziare la sua benefattrice: ma appena le vede il viso fa un lunghissimo *ohhh!* di meraviglia e rimane là incantato, con gli occhi spalancati, con la forchetta in aria e con la bocca piena di pane e di cavolfiore.

– Perché tutta questa meraviglia? – dice ridendo la buona donna.

– Perché... – risponde balbettando Pinocchio, – perché... perché tu somigli... tu mi ricordi... sì, sì, sì, la stessa voce... gli stessi occhi... gli stessi capelli... sì, sì, sì... anche tu hai i capelli turchini... come lei! Fatina mia! Fatina mia! Dimmi che sei tu, proprio tu! Non farmi più piangere! Se sapessi... Ho pianto tanto, ho sofferto tanto...

E mentre parla così, Pinocchio piange forte, si butta per terra e abbraccia le ginocchia di quella donna misteriosa.

Capitolo 31

All'inizio, la buona donna, dice di non essere la piccola Fata dai capelli turchini. Ma dopo un poco lo ammette:
- Sei furbo, Pinocchio! Come hai capito che ero io?
- Perché ti voglio tanto bene!
- Ti ricordi? L'ultima volta che ci siamo visti ero una bambina, e adesso sono una donna. Tanto donna che potrei essere la tua mamma.
- Sono contento! Così, invece di sorellina, ti chiamerò mamma. È da tanto tempo che vorrei avere una mamma come tutti gli altri ragazzi! Ma come hai fatto a crescere così presto?
- È un segreto.
- Insegnamelo: vorrei crescere un poco anche io. Guarda! Sono sempre rimasto alto come un bambino.
- Ma tu non puoi crescere. - risponde la Fata.
- Perché?
- Perché i burattini non crescono mai. Nascono burattini, vivono burattini e muoiono burattini.
- Oh! Sono stufo di essere sempre un burattino! - grida Pinocchio. - Anche io voglio diventare un uomo come tutti gli altri.
- E lo diventerai, se saprai meritartelo...
- Davvero? E cosa posso fare per meritarmelo?
- Una cosa facilissima: abituarti a essere un ragazzino perbene.
- Perché? Non lo sono?
- Per niente! I ragazzi perbene sono ubbidienti e tu invece...
- E io non ubbidisco mai.
- I ragazzi perbene amano studiare o lavorare, e tu...
- E io invece faccio il vagabondo tutto l'anno.

– I ragazzi perbene dicono sempre la verità...

– E io sempre le bugie.

– I ragazzi perbene vanno volentieri a scuola...

– E io la scuola non la sopporto. Ma da oggi voglio cambiare vita!

– Me lo prometti?

– Lo prometto. Voglio diventare un ragazzino perbene e voglio aiutare il mio babbo... Dov'è il mio babbo adesso?

– Non lo so.

– Avrò ancora la fortuna di rivederlo e abbracciarlo?

– Credo di sì. Anzi, ne sono sicura.

Dopo questa risposta Pinocchio è così felice che prende le mani della Fata e comincia a baciarle con grande entusiasmo. Poi alza il viso, la guarda con amore e le domanda:

– Dimmi, mammina: dunque non è vero che sei morta?

– Sembra di no. – risponde sorridendo la Fata.

– Se tu sapessi che dolore quando ho letto sulla tua tomba *Qui riposa...*

– Lo so: ed è per questo che ti ho perdonato. La sincerità del tuo dolore mi ha fatto sapere che hai un buon cuore. E c'è sempre speranza per i ragazzi buoni di cuore, anche se un po' monelli ed educati male. C'è sempre speranza che tornino sulla vera strada. Ecco perché sono venuta a cercarti. Io sarò la tua mamma...

– Oh! Che bella cosa! – grida Pinocchio saltando dalla gioia.

– Tu mi ubbidirai e farai sempre quello che ti dirò io.

– Volentieri, volentieri, volentieri!

– Da domani, – aggiunge la Fata, – comincerai ad andare a scuola.

Pinocchio diventa subito un po' meno allegro.

– Quando avrai finito la scuola sceglierai il lavoro che preferisci.

Pinocchio diventa serio.

– Che cosa c'è? – domanda la Fata un po' delusa.

– Dicevo... – dice il burattino a bassa voce, – che ormai per andare a scuola mi sembra un po' tardi...

– Nossignore. Ricordati che per istruirsi e per imparare non è mai tardi.

– Ma io non voglio lavorare...

– Perché?

– Perché a lavorare faccio fatica.

– Ragazzo mio, – dice la Fata, – quelli che dicono così, finiscono quasi sempre o in prigione o all'ospedale. L'uomo, nato ricco o povero, è obbligato in questo mondo a fare qualcosa. Guai a essere pigri. La pigrizia è una bruttissima malattia, bisogna guarirla subito, da ragazzi: sennò, quando siamo grandi, non guariamo più.

Queste parole convincono profondamente Pinocchio, che alza vivace la testa e dice alla Fata:

– Io studierò, io lavorerò, io farò tutto quello che mi dirai, perché la vita del burattino non mi piace più e voglio assolutamente diventare un ragazzo. Me l'hai promesso, vero?

– Te l'ho promesso, e ora dipende da te.

Capitolo 32

Il giorno dopo Pinocchio va alla scuola del paese.

Appena lo vedono i ragazzi iniziano a ridere perché non hanno mai visto un burattino andare a scuola. Gli fanno scherzi in continuazione: uno gli prende il cappello, uno gli tira la giacca, uno cerca di disegnargli con l'inchiostro due grandi baffi sotto il naso, uno cerca di legargli dei fili ai piedi e alle mani per farlo ballare.

All'inizio Pinocchio non reagisce e va via, ma alla fine perde la pazienza e dice aggressivo a quelli che lo prendono in giro:

– Attenti, ragazzi! Io non sono venuto qui per essere il vostro buffone. Io rispetto gli altri e voglio essere rispettato.

– Bravo! Hai parlato come un libro stampato! – urlano quei monelli, ridendo come matti, e uno di loro allunga la mano per prendere la punta del naso del burattino.

Ma non fa in tempo: perché Pinocchio gli tira un bel calcio sulla gamba.

– Ohi! Che piedi duri! – urla il ragazzo toccandosi il livido che gli ha fatto il burattino.

– E che gomiti! Anche più duri dei piedi! – dice un altro che prima è stato colpito da una gomitata nello stomaco.

Dopo quel calcio e quella gomitata Pinocchio acquista subito la stima e la simpatia di tutti i ragazzi della scuola. Tutti gli fanno mille carezze e gli vogliono un gran bene.

E anche il maestro è contento, perché lo vede attento, studioso, intelligente, sempre il primo a entrare nella scuola, e sempre l'ultimo ad alzarsi in piedi quando la lezione è finita.

Il suo unico difetto è forse quello di frequentare troppi compagni: e fra questi ci sono molti monelli conosciutissimi per la loro poca voglia di studiare.

Il maestro lo avverte tutti i giorni, e anche la buona Fata gli dice spesso:

– Attento, Pinocchio! Quei tuoi cattivi compagni di scuola ti faranno perdere l'amore per lo studio e, forse forse, ti porteranno sfortuna e ti succederà qualcosa di brutto.

– Non c'è pericolo! – risponde il burattino, alzando le spalle. – So come comportarmi.

Un bel giorno, mentre cammina verso la scuola, incontra un gruppo dei soliti compagni che gli dicono:

– Sai la grande notizia?

– No.

– Qui nel mare vicino è arrivato un Pescecane, grosso come una montagna.

– Davvero? Forse è lo stesso Pescecane che ha mangiato il mio povero babbo...

– Noi andiamo a vederlo alla spiaggia. Vieni anche tu?

– Io no: voglio andare a scuola.

– La scuola non è importante! A scuola ci andiamo domani. Con una lezione in più o una in meno restiamo sempre gli stessi somari.

– E il maestro?

– Non importa il maestro. È pagato per brontolare tutto il giorno.

– E la mia mamma?

– Le mamme non sanno mai niente. – rispondono quei monelli.

– Sapete che faccio? – dice Pinocchio. – Il Pescecane voglio vederlo per motivi miei... ma vado a vederlo dopo la scuola.

– Povero stupido! – risponde uno del gruppo. – Pensi che un pesce così grande ti aspetti? Appena si annoia se ne va da un'altra parte.

– Quanto tempo è necessario per andare alla spiaggia? – domanda il burattino.

– In un'ora siamo andati e tornati.

– Dunque, via! E chi corre più veloce è il più bravo! – grida Pinocchio.

E tutti iniziano a correre attraverso i campi con i loro libri e i loro quaderni sotto il braccio. Pinocchio è sempre avanti a tutti, veloce come una lepre.

Ogni tanto si volta e prende in giro i suoi compagni, che sono più lenti e sono rimasti molto indietro. Li vede stanchi, sudati, polverosi, con la lingua di fuori per la fatica, e ride di gusto. Il povero burattino non sa quali paure e quali orribili sfortune lo aspettano!

Capitolo 33

Quando Pinocchio arriva sulla spiaggia guarda attentamente il mare, ma non vede nessun Pescecane.
Il mare è liscio come uno grande specchio.
- E il Pescecane dov'è? - domanda, girandosi verso i compagni.
- Forse è andato a fare colazione... - risponde uno di loro, ridendo.
- O forse è andato a fare un sonnellino sul letto... - aggiunge un altro, ridendo ancora più forte.
Pinocchio capisce che i suoi compagni gli hanno fatto uno scherzo, allora si arrabbia un poco e dice:
- E ora? Cosa ci avete guadagnato a farmi credere la storia del Pescecane?
- Ci abbiamo guadagnato di farti perdere la scuola e di farti venire con noi. Non ti vergogni ad essere tutti i giorni così preciso e così diligente alle lezioni? Non ti vergogni a studiare tanto?
- Ma se io studio, a voi cosa importa?
- Ci importa moltissimo perché così facciamo una brutta figura con il maestro...
- Perché?
- Perché gli studenti che studiano fanno sempre scomparire quelli che, come noi, non hanno voglia di studiare. E noi non vogliamo scomparire! Anche noi abbiamo il nostro amor proprio!
- E allora che cosa devo fare per farvi contenti?
- Devi odiare anche tu la scuola, la lezione e il maestro, che sono i nostri tre grandi nemici.
- E se io voglio continuare a studiare?
- Non saremo più amici, e alla prima occasione ce la pagherai!
- Mi fate proprio ridere. - dice il burattino.

– Ehi, Pinocchio! – grida allora il più grande di quei ragazzi. – Non venire qui a fare lo sbruffone! Non venire qui a fare il galletto! Perché se tu non hai paura di noi, noi non abbiamo paura di te! Ricordati che tu sei solo e noi siamo in sette.

– Sette come i peccati mortali. – dice Pinocchio con una grande risata.

– Avete sentito? Ci ha insultati tutti! Ci ha chiamati con il nome dei peccati mortali!

– Pinocchio! Chiedici scusa dell'offesa... sennò guai a te!

– Cucù! – fa il burattino, per prenderli in giro.

– Pinocchio! Qui finisce male!

– Cucù!

– Ti picchieremo tutti insieme!

– Cucù!

– Ritornerai a casa con il naso rotto!

– Cucù!

– Ora il cucù te lo do io! – grida il più coraggioso di quei monelli. – Prendi questo!

E gli tira un pugno sulla testa.

Ma il burattino risponde subito con un altro pugno, e poi un altro, finché il combattimento diventa generale e intenso.

Pinocchio è solo ma si difende come un eroe. Con quei suoi piedi di legno durissimo tiene i suoi nemici a distanza e dove i suoi piedi arrivano e toccano, lasciano sempre un livido per ricordo.

Allora i ragazzi, arrabbiati di non poter vincere il burattino, cominciano a tirargli contro i propri libri di scuola. Ma il burattino, che è molto veloce, li evita sempre e i libri gli passano sopra la testa e vanno tutti in mare.

I pesci credono che quei libri siano cose da mangiare e corrono ad assaggiarli, ma dopo aver morso qualche pagina la sputano subito e pensano "Non è cibo per noi: noi siamo abituati a mangiare molto meglio!"

Mentre il combattimento diventa sempre più feroce esce dall'acqua un grosso Granchio, che si arrampica piano piano sulla spiaggia e grida con una vociaccia da trombone raffreddato:

– Smettetela, monelli! Queste guerre fra ragazzi raramente finiscono bene!

Povero Granchio! Nessuno dei ragazzi lo ascolta e, anzi, Pinocchio si gira e gli dice maleducato:

– Stai zitto, Granchio noioso! Faresti meglio a succhiarti due caramelle per guarire da questo mal di gola. Va' piuttosto a letto e cerca di sudare!

Intanto i ragazzi hanno finito di lanciare tutti i loro libri, ma vedono lì vicino quelli del burattino e li prendono. Fra questi c'è un grande volume molto pesante, un *Trattato di Aritmetica*. Uno dei monelli prende il volume e lo lancia con tutta la forza che ha verso la testa di Pinocchio, ma invece di prendere il burattino colpisce in testa uno dei compagni.

Il ragazzo colpito diventa pallido pallido e dice solo queste parole:

– Mamma mia, aiutami... perché muoio!

Poi cade disteso sulla sabbia della spiaggia.

Alla vista del compagno senza vita i ragazzi scappano spaventati e in pochi minuti non si vedono più.

Capitolo 34

Ma Pinocchio rimane lì e, anche se è pieno di dolore e paura, corre a inzuppare il suo fazzoletto nell'acqua di mare. Poi bagna la tempia del suo povero compagno di scuola. E intanto piange disperato, lo chiama per nome e gli dice:

– Eugenio! Povero Eugenio mio! Apri gli occhi e guardami! Perché non mi rispondi? Non sono stato io che ti ho fatto male! Credimi, non sono stato io! Apri gli occhi, Eugenio... Se tieni gli occhi chiusi mi fai morire anche me... Dio mio! Come faccio a tornare a casa? Con che coraggio posso presentarmi alla mia buona mamma? Che ne sarà di me? Dove posso scappare? Dove posso andare a nascondermi? Oh! Era meglio, mille volte meglio se andavo a scuola! Perché ho seguito questi compagni, che sono la mia dannazione? E il maestro me l'aveva detto! E la mia mamma me l'aveva ripetuto: "Stai attento ai cattivi compagni!". Ma io sono un testardo... Un cocciuto... Faccio sempre a modo mio! E dopo devo pagare... E così, da quando sono al mondo, non ho mai avuto un quarto d'ora di felicità. Dio mio! Che ne sarà di me, che ne sarà di me, che ne sarà di me?

E Pinocchio continua a piangere, a urlare, a darsi pugni sulla testa e a chiamare per nome il povero Eugenio, quando all'improvviso sente un rumore di passi che si avvicinano.

Si gira: sono due carabinieri.

– Che cosa fai così sdraiato per terra? – domandano a Pinocchio.

– Aiuto questo mio compagno di scuola.

– Sta male?

– Sembra di sì!

– Altro che male! – dice uno dei carabinieri, che si abbassa e osserva Eugenio da vicino. – Questo ragazzo è stato ferito a una tempia: chi è che l'ha ferito?

– Io no. – balbetta il burattino che non ha più fiato in corpo.

– Se non sei stato tu, chi è stato dunque che l'ha ferito?

– Io no. – ripete Pinocchio.

– E con che cosa è stato ferito?

– Con questo libro.

E il burattino raccoglie da terra il *Trattato di Aritmetica*, per mostrarlo al carabiniere.

– E questo libro di chi è?

– Mio.

– Basta così: non serve altro. Alzati subito e vieni via con noi.

– Ma io...

– Via con noi!

– Ma io sono innocente...

– Via con noi!

Prima di partire i carabinieri chiamano alcuni pescatori, che in quel momento passano infatti con la loro barca vicino alla spiaggia, e dicono loro:

– Vi affidiamo questo ragazzino ferito alla testa. Portatelo a casa vostra e curatelo. Domani torniamo a vederlo.

Quindi si girano verso Pinocchio, lo mettono in mezzo a loro due, e gli ordinano:

– Avanti! E cammina veloce! Altrimenti peggio per te!

Il povero burattino ubbidisce e cammina per il sentiero che porta al paese. Ma non capisce dove si trova... Gli sembra di sognare, e che brutto sogno! È fuori di sé. I suoi occhi vedono tutto doppio, le gambe gli tremano, la lingua è attaccata al palato e non riesce a dire una sola parola. Eppure, in mezzo a quel senso di stupidità e di confusione, un pensiero doloroso gli ferisce il cuore: il pensiero, cioè, di dover passare sotto le finestre della sua buona Fata, in mezzo ai carabinieri. Preferirebbe piuttosto morire.

Mentre stanno per entrare in paese il vento toglie il cappello dalla testa di Pinocchio e lo fa volare lontano una decina di passi.

– Posso andare a prendere il mio cappello? – domanda il burattino ai carabinieri.

– Vai pure: ma fai in fretta.

Pinocchio va, raccoglie il cappello... ma invece di mettersi sulla testa, se lo mette in bocca fra i denti, e poi comincia a correre veloce verso la spiaggia del mare.

I carabinieri capiscono che è troppo svelto per loro, allora gli mandano dietro un grosso cane mastino, che ha vinto il primo premio in tutte le corse dei cani. Il burattino corre, e il cane corre più di lui. Tutta la gente si affaccia alle finestre e si ferma sulla strada per vedere la fine di questa gara feroce.

Ma il cane mastino e Pinocchio corrono così veloce e vanno così lontano che dopo pochi minuti non è più possibile vedere nulla.

Capitolo 35

Alidoro, che è il nome del cane mastino, corre, corre e ha quasi raggiunto Pinocchio. È una corsa disperata dove il burattino sente dietro di sé, vicinissimo, il respiro affannoso di quella bestiaccia e il calore del suo fiato.

Per fortuna la spiaggia è ormai vicina e il mare si vede a pochi passi.

Appena è sulla spiaggia il burattino fa un bellissimo salto, come una rana, e va a cadere in mezzo all'acqua.

Alidoro invece vorrebbe fermarsi, ma, trasportato dalla forza della corsa, entra in acqua anche lui. Però non sa nuotare... Muove disperatamente le zampe per stare a galla, ma più si muove più va con la testa sott'acqua.

Quando riesce a mettere la testa fuori dall'acqua, il povero cane ha gli occhi impauriti e sconvolti e abbaia e grida:

– Affogo! Affogo!

– Muori! – gli risponde Pinocchio da lontano, che si crede ormai al sicuro da ogni pericolo.

– Aiutami, Pinocchio mio! Salvami dalla morte!

Sentendo quelle grida sofferenti, il burattino, che in fondo ha un gran cuore, prova compassione e chiede al cane:

– Ma se io ti aiuto a salvarti, mi prometti di non darmi più fastidio e di non corrermi dietro?

– Te lo prometto! Te lo prometto! Sbrigati per favore, perché se aspetti un altro mezzo minuto sono morto.

Pinocchio esita un poco... Ma poi si ricorda che il suo babbo gli ha detto tante volte che a fare una buona azione non ci si rimette mai. Allora nuota fino a raggiungere Alidoro. Lo prende per la coda con tutte e due le mani e lo porta sano e salvo sulla sabbia asciutta del lido.

Il povero cane non si regge in piedi. Ha bevuto, senza volerlo, così tanta acqua salata che è gonfio come un pallone. Il burattino non si fida troppo e torna in mare. Quando è lontano dalla spiaggia grida all'amico salvato:

– Addio, Alidoro, fai buon viaggio e tanti saluti alla famiglia!

– Addio, Pinocchio, – risponde il cane, – mille grazie di avermi salvato dalla morte. Tu mi hai fatto un grande favore! Se capita l'occasione ci riparleremo.

Pinocchio continua a nuotare, stando sempre vicino alla terra. Alla fine gli sembra di essere arrivato in un luogo sicuro, guarda la spiaggia e vede sugli scogli una grotta dalla quale esce un lunghissima colonna di fumo.

– In quella grotta – dice fra sé, – ci deve essere del fuoco. Che bello! Vado ad asciugarmi e a riscaldarmi. E poi? E poi sarà quel che sarà.

Presa questa decisione, il burattino si avvicina alla scogliera. Ma quando sta per arrampicarsi sente qualcosa sotto l'acqua che sale, sale, sale e lo porta in aria. Tenta subito di scappare ma ormai è troppo tardi! Con sua grandissima meraviglia si trova rinchiuso dentro a una grossa rete, in mezzo a tantissimi pesci di ogni forma e grandezza, che si muovono impazziti.

E nello stesso momento vede uscire dalla grotta un pescatore così brutto, ma tanto brutto, che sembra un mostro marino. Invece dei capelli ha sulla testa un cespuglio di erba verde. Verde è la pelle del suo corpo, verdi gli occhi, verde la barba lunghissima fino alle ginocchia.

Capitolo 36

Quando il pescatore tira fuori la rete dal mare grida tutto contento:

– Che fortuna! Anche oggi posso farmi una bella scorpacciata di pesce!

– Meno male che io non sono un pesce! – dice Pinocchio dentro di sé, riprendendo un po' di coraggio.

La rete piena di pesci viene portata dentro la grotta, una grotta buia e piena di fumo, in mezzo alla quale frigge una grande padella d'olio.

– Ora vediamo un po' che pesci ho preso! – dice il pescatore verde. Infila nella rete una mano così grande che sembra una pala da fornai e tira fuori una manciata di triglie.

– Buone queste triglie! – dice, guardandole e annusandole con piacere. E dopo che le ha annusate, le butta su un grande piatto.

Poi ripete più volte la solita operazione. Tira fuori gli altri pesci, gli viene l'acquolina in bocca e dice felice:

– Buoni questi naselli!

– Squisite queste sardine!

– Deliziose queste sogliole!

– Prelibati questi sgombri!

– Carine queste acciughe!

E tutti i pesci vanno nel grande piatto.

L'ultimo che resta nella rete è Pinocchio.

Appena il pescatore lo tira fuori, sgrana i suoi occhioni verdi dalla meraviglia, e grida quasi impaurito:

– Che razza di pesce è questo? Pesci fatti a questo modo non mi ricordo di averne mai mangiati!

Lo guarda di nuovo attentamente e, dopo averlo guardato ben bene da ogni lato, dice:

– Ho capito! Deve essere un granchio di mare.

Allora Pinocchio, offeso per essere chiamato granchio, dice arrabbiato:

– Ma che granchio e non granchio? Io sono un burattino!

– Un burattino? – risponde il pescatore. – Il pesce burattino è per me un pesce nuovo! Meglio così! Ti mangerò più volentieri.

– Mangiarmi? Ma lo vuoi capire che io non sono un pesce? Non senti che parlo e ragiono come te?

– È verissimo! – aggiunge il pescatore. – Vedo che sei un pesce e che hai la fortuna di parlare e ragionare come me, allora voglio trattarti con rispetto.

– Che tipo di rispetto?

– In segno di amicizia e di stima sarai tu a decidere come essere cucinato. Desideri essere fritto in padella, oppure preferisci essere cotto in pentola con la salsa di pomodoro?

– Veramente, – risponde Pinocchio, – se devo scegliere, preferisco essere lasciato libero, per poter tornare a casa mia.

– Tu scherzi? Pensi che io voglia perdere l'occasione di assaggiare un pesce così raro? Non capita tutti i giorni un pesce burattino in questo mare. Lascia fare a me: ti friggerò in padella assieme a tutti gli altri pesci, e sarai contento. Essere fritto in compagnia è sempre una consolazione.

L'infelice Pinocchio allora comincia a piangere, a urlare, a pregare e dice:

– Dovevo andare a scuola! Ho voluto seguire i cattivi compagni e ora pago! Ih! Ih! Ih!

Il burattino si muove come un'anguilla e fa sforzi incredibili per scappare dalle mani del pescatore. Allora l'uomo verde lo lega per le mani e per i piedi, come un salame, e lo butta sul grande piatto insieme agli altri pesci.

Poi tira fuori un vassoio di legno, pieno di farina, e infarina tutti quei pesci. E dopo averne infarinato uno lo butta a friggere dentro la padella.

I primi a ballare nell'olio bollente sono i poveri naselli, poi tocca agli sgombri, poi alle sardine, poi alle sogliole e alle acciughe, e poi viene il turno di Pinocchio.

Il burattino si sente così vicino alla morte (e che brutta morte!) che comincia a tremare ed è così spaventato che non riesce più a parlare.

Con gli occhi prega il pescatore di non cucinarlo, ma quello lo gira cinque o sei volte nella farina, lo infarina così bene dalla testa ai piedi che diventa tutto bianco.

Poi lo prende per la testa e...

Capitolo 37

All'improvviso, mentre il pescatore sta per buttare Pinocchio nella padella, entra nella grotta un grosso cane, attratto dal delizioso e forte odore della frittura.

– Vai via! – gli grida il pescatore, minacciandolo e tenendo in mano il burattino infarinato.

Ma il povero cane ha una gran fame, mugola e muove la coda come per dire: "Dammi un boccone di frittura e ti lascio in pace."

– Vai via, ti dico! – gli ripete il pescatore, e muove la gamba per tirargli un calcio.

Allora il cane inizia a ringhiare al pescatore e gli mostra i suoi terribili denti.

In quel momento si sente nella grotta una vocina debole debole, che dice:

– Salvami, Alidoro! Se non mi salvi sono fritto!

Il cane riconosce subito la voce di Pinocchio e si accorge con grandissima meraviglia che la vocina viene da quell'oggetto infarinato che il pescatore tiene in mano.

Allora fa un grande salto e prende il burattino infarinato in bocca, tenendolo leggermente con i denti. Poi corre fuori dalla grotta.

Il pescatore è arrabbiatissimo per aver perso il suo pesce, e prova ad inseguire il cane. Ma Alidoro è troppo veloce e, dopo aver fatto qualche passo, il pescatore rinuncia e torna alla sua frittura.

Intanto il cane mastino è arrivato al sentiero che porta al paese. Si ferma e mette delicatamente per terra l'amico Pinocchio.

– Ti ringrazio tantissimo! – dice il burattino.

– Non c'è bisogno, – risponde il cane. – Tu hai salvato me, e adesso siamo pari. Si sa: in questo mondo bisogna tutti aiutarsi l'uno con l'altro.

– Ma come mai eri in quella grotta?

– Ero qui disteso sulla spiaggia più morto che vivo, quando il vento mi ha portato da lontano un odorino di frittura. Quell'odorino mi ha fatto venire l'appetito e io gli sono andato dietro. Se arrivavo un minuto più tardi...

– Non me lo dire! – urla Pinocchio, che trema ancora dalla

paura. – Non me lo dire! Se tu arrivavi un minuto più tardi, adesso ero bell'e fritto, mangiato e digerito. Brrr! Mi vengono i brividi solo a pensarci!

Alidoro ride e dà la zampa destra al burattino, che gliela stringe forte forte in segno di grande amicizia. E dopo si lasciano.

Il cane torna verso il villaggio, e Pinocchio, rimasto solo, va a una capanna lì vicina, e domanda a un vecchietto che sta sulla porta a scaldarsi al sole:

– Dimmi, signore, sai qualcosa di un povero ragazzo ferito alla testa e che si chiama Eugenio?

– Il ragazzo è stato portato da alcuni pescatori in questa capanna, e ora...

– Ora è morto! – interrompe Pinocchio con grande dolore.

– No: ora è vivo, ed è già ritornato a casa sua.

– Davvero, davvero? – grida il burattino, saltando dalla felicità. – Dunque la ferita non era grave?

– Ma poteva diventare gravissima e anche mortale, – risponde il vecchietto, – perché gli hanno tirato sulla testa un grosso libro molto pesante e duro.

– E chi gliel'ha tirato?

– Un suo compagno di scuola: un certo Pinocchio...

– E chi è questo Pinocchio? – domanda il burattino, che fa finta di non sapere.

– La gente dice che è un ragazzaccio, un vagabondo...

– Calunnie! Tutte calunnie!

– Tu conosci Pinocchio?

– Di vista! – risponde il burattino.

– E cosa ne pensi di lui? – gli chiede il vecchietto.

– A me sembra un gran bravo ragazzo, pieno di voglia di studiare, ubbidiente, affezionato al suo babbo e alla sua famiglia...

Mentre il burattino dice tranquillamente tutte queste bugie, si tocca il naso e si accorge che si è allungato di alcuni centimetri. Allora, pieno di paura, comincia a gridare:

– Non è vero, signore, tutto quello che ti ho detto: perché conosco benissimo Pinocchio ed è davvero un ragazzaccio, un disubbidiente e uno svogliato, che invece di andare a scuola va con i compagni a divertirsi!

Appena dice queste parole il suo naso diventa più piccolo e torna alla grandezza naturale, come era prima.

– E perché sei tutto bianco a questo modo? – gli domanda il vecchietto.

– Senza accorgermene mi sono strofinato su un muro che era stato appena verniciato... – risponde il burattino, che si vergogna a dire che lo hanno infarinato come un pesce, per poi friggerlo in padella.

– E la tua giacca, i tuoi pantaloncini e il tuo cappello? Che cosa ne hai fatto?

– Ho incontrato i ladri e mi hanno spogliato. Dimmi, buon vecchio, puoi darmi qualche vestito, così posso tornare a casa?

– Ragazzo mio, non ho vestiti ma solo un piccolo sacco di stoffa, dove tengo i lupini. Se vuoi prendilo: eccolo là.

E Pinocchio prende subito il sacco dei lupini, che è vuoto, taglia con le forbici un piccolo buco sul fondo e due buchi sui lati. Poi se lo infila come una camicia. E vestito così cammina verso il paese.

Capitolo 38

Durante la strada Pinocchio non si sente per niente tranquillo, fa un passo in avanti e uno indietro e parla da solo:

– Come faccio a presentarmi alla mia buona Fatina? Cosa dirà quando mi vede? Mi perdonerà ancora? Sono sicuro che non mi perdona! Oh! Di certo non mi perdona... E mi sta bene: perché io sono un monello che prometto sempre di correggermi e non mantengo mai!

Arriva in paese che è già notte, fa freddo e piove. Pinocchio va dritto alla casa della Fata, deciso a bussare alla porta e a farsi aprire.

Ma quando è lì perde il coraggio, e invece di bussare si allontana un poco, correndo.

Poi torna indietro e si avvicina una seconda volta alla porta, ma ancora non ha coraggio e torna indietro. Si avvicina una terza volta, e nulla. La quarta volta alza la mano tremando e bussa un piccolo colpettino.

Aspetta, aspetta, finalmente dopo mezzora si apre una finestra dell'ultimo piano (la casa è di quattro piani). Pinocchio vede affacciarsi una grossa Lumaca, con una candela accesa sulla testa e che gli dice:

– Chi è a quest'ora?

– La Fata è in casa? – domanda il burattino.

– La Fata dorme e non vuole essere svegliata: ma tu chi sei?

– Sono io!

– Io chi?

– Pinocchio.

– Pinocchio chi?

– Il burattino, quello che sta in casa con la Fata.

– Ah! Ho capito. – dice la Lumaca. – Aspettami lì, che ora scendo giù e ti apro subito.

– Fai in fretta, per favore, perché muoio dal freddo.

– Ragazzo mio, io sono una lumaca, e le lumache non hanno mai fretta.

Intanto passa un'ora, ne passano due, e la porta non si apre. Allora Pinocchio, che trema dal freddo, dalla paura e dall'acqua che ha addosso, si fa coraggio e bussa una seconda volta, questa volta più forte. A quel secondo colpo si apre una finestra del terzo piano e si affaccia la solita Lumaca.

– Lumachina bella, – grida Pinocchio dalla strada, – sono due ore che aspetto! E due ore, in questa serataccia, diventano più lunghe di due anni. Fai in fretta, per favore.

– Ragazzo mio, – gli risponde lei dalla finestra, tutta pace e tutta calma, – ragazzo mio, io sono una lumaca, e le lumache non hanno mai fretta.

E la finestra si richiude.

Poco dopo le campane di una chiesa vicina suonano la mezzanotte, poi l'una, poi le due e la porta è sempre chiusa.

Allora Pinocchio perde la pazienza e bussa forte forte al portone, ma nessuno risponde.

– Ah sì? – grida Pinocchio sempre più arrabbiato. – Se nessuno mi sente allora busserò ancora più forte, con i piedi.

Si sposta un po' indietro e poi tira un fortissimo calcio alla porta di casa. Il colpo è così forte che il piede penetra nel legno fino al ginocchio. E quando il burattino prova a tirarlo fuori è tutto inutile: perché il piede è rimasto incastrato dentro.

Povero Pinocchio! Passa tutto il resto della notte con un piede in terra e l'altro per aria.

La mattina, all'alba, finalmente la porta si apre.

Quella brava Lumaca ha impiegato solo nove ore per scendere dal quarto piano fino alla strada.

– Che cosa fai con questo piede infilato dentro la porta? – domanda ridendo al burattino.

– È stata una sfortuna. Puoi liberarmi, Lumachina bella, da questo tormento?

– Ragazzo mio, qui è necessario un falegname, e io non ho mai fatto il falegname.

– Prega la Fata da parte mia!

– La Fata dorme e non vuole essere svegliata.

– Ma che cosa ci faccio qui attaccato tutto il giorno a questa porta?

– Divertiti a contare le formiche che passano per la strada.

– Portami almeno qualche cosa da mangiare, perché mi sento sfinito.

– Subito! – dice la Lumaca.

Infatti dopo tre ore e mezzo Pinocchio la vede tornare con un vassoio d'argento sopra la testa. Nel vassoio c'è del pane, un pollo arrosto e quattro albicocche mature.

– Ecco la colazione che ti manda la Fata. – dice la Lumaca.

Quando vede quel buon cibo il burattino si sente subito meglio.

Ma appena prova a mangiarlo si accorge che il pane è di gesso, il pollo di cartone e le quattro albicocche di pietra colorata.

Vorrebbe piangere, vorrebbe disperarsi, vorrebbe buttare via il vassoio e quello che c'è dentro: ma invece, forse per il gran dolore o la gran fame, cade svenuto per terra.

Capitolo 39

Quando si sveglia si trova disteso sopra un divano, e la Fata è accanto a lui.

– Anche per questa volta ti perdono, – gli dice la Fata, – ma guai a te se me ne fai un'altra delle tue!

Pinocchio promette e giura che d'ora in avanti avrebbe studiato e che si sarebbe comportato sempre bene.

E mantiene la promessa per tutto il resto dell'anno. Infatti, agli esami finali, è il più bravo della scuola e il suo comportamento è eccellente. La Fata, tutta contenta, gli dice:

– Domani finalmente il tuo desiderio sarà esaudito!

– Cioè?

– Domani finirai di essere un burattino di legno e diventerai un vero ragazzo.

Pinocchio è felicissimo, invita tutti i suoi amici e compagni di scuola per il giorno dopo a una grande colazione in casa della Fata, per festeggiare insieme il grande evento. La Fata ha fatto preparare duecento tazze di caffellatte e quattrocento panini imburrati di sotto e di sopra.

Pinocchio chiede subito alla Fata il permesso di andare in giro per la città a fare gli inviti, e la Fata gli dice:

– Vai pure a invitare i tuoi compagni per la colazione di domani: ma ricordati di tornare a casa prima di notte. Hai capito?

– Fra un'ora prometto di essere già tornato. – risponde il burattino.

– Attento, Pinocchio! I ragazzi fanno presto a promettere: ma quasi sempre fanno tardi a mantenere.

– Ma io non sono come gli altri: io, quando dico una cosa, la mantengo.

– Vedremo. Se poi disubbidisci, tanto peggio per te.

– Perché?

– Perché i ragazzi che non ascoltano i consigli di chi ne sa più di loro, vanno sempre incontro a qualche disgrazia.

– E io l'ho provato! – dice Pinocchio. – Ma ora non ci ricasco più!

– Vedremo se dici il vero.

Senza aggiungere altre parole il burattino saluta la sua buona Fata, che è per lui una specie di mamma, e cantando e ballando esce fuori dalla porta di casa.

In poco più di un'ora tutti i suoi amici sono invitati. Alcuni accettano subito e con grande entusiasmo, altri all'inizio si fanno un po' pregare: ma, quando Pinocchio dice loro che i panini da inzuppare nel caffellatte sono imburrati da tutte e due le parti, dicono: "Verremo anche noi, per farti piacere."

Pinocchio ha, fra i suoi compagni di scuola, un migliore e carissimo amico, che si chiama Romeo, ma tutti lo chiamano con il soprannome di Lucignolo, per il suo corpo secco, alto e molto magro, uguale ad un lucignolo: lo stoppino di un lumino da notte.

Lucignolo è il ragazzo più svogliato e più monello di tutta la scuola: ma Pinocchio gli vuole un gran bene.

Infatti va subito a cercarlo a casa per invitarlo a colazione, ma non lo trova. Torna una seconda volta e Lucignolo non c'è. Torna una terza volta: uguale.

Dove lo può trovare? Cerca di qua, cerca di là, alla fine lo vede nascosto sotto il portico di una casa di contadini.

– Che cosa fai lì? – gli domanda Pinocchio, avvicinandosi.
– Aspetto la mezzanotte, per partire...
– Dove vai?
– Lontano, lontano, lontano!
– E io che sono venuto a cercarti a casa tre volte!
– Che cosa volevi da me?
– Non sai il grande avvenimento? Non sai la mia fortuna?
– Quale?
– Domani finisco di essere un burattino e divento un ragazzo come te, e come tutti gli altri.
– Buon per te.
– Domani, dunque, ti aspetto a colazione a casa mia.
– Ma se ti dico che parto questa sera.
– A che ora?
– Fra poco.
– E dove vai?
– Vado ad abitare in un paese... che è il più bel paese di questo mondo: un vero paradiso!
– E come si chiama?
– Si chiama il Paese dei Balocchi. Perché non vieni anche tu?
– Io! Assolutamente no!
– Sbagli, Pinocchio! Credimi: se non vieni te ne pentirai. Dove vuoi trovare un paese più bello per noi ragazzi? Lì non ci sono scuole, lì non ci sono maestri, lì non ci sono libri. In quel paese meraviglioso non si studia mai. Il giovedì non si va a scuola: e ogni settimana è composta da sei giovedì e una domenica. Immagina che le vacanze dell'autunno cominciano con il primo gennaio e finiscono con l'ultimo di dicembre. Ecco un paese come piace veramente a me! Ecco come dovrebbero essere tutti i paesi civili!

Capitolo 40

Pinocchio è molto confuso e chiede a Lucignolo:
- Ma come si passano le giornate nel Paese dei Balocchi?
- Si passano divertendosi dalla mattina alla sera. La sera poi si va a letto e la mattina dopo si ricomincia daccapo. Cosa ne pensi?
- Uhm... - fa Pinocchio e pensa: "È una vita che farei volentieri anch'io!"
- Dunque vuoi partire con me? Sì o no? Decidi.
- No, no, no e poi no. Ormai ho promesso alla mia buona Fata di diventare un ragazzo perbene, e voglio mantenere la promessa. Anzi, siccome vedo che il sole sta tramontando, ti lascio subito e scappo via. Dunque addio e buon viaggio.
- Dove corri con tanta fretta?
- A casa. La mia buona Fata vuole che ritorni prima di notte.
- Aspetta altri due minuti.
- Faccio troppo tardi.
- Due minuti soli.
- E se poi la Fata mi grida?
- Lasciala gridare. Quando avrà gridato ben bene, si calmerà. - dice quel monello di Lucignolo.
- E come fai? Parti solo o in compagnia?
- Solo? Siamo più di cento ragazzi.
- E il viaggio lo fate a piedi?
- A mezzanotte passa di qui il carro che ci deve prendere e portare fino ai confini di quel fortunatissimo paese.
- Sarebbe bello se fosse ora mezzanotte!
- Perché?
- Per vedervi partire tutti insieme.
- Rimani qui un altro poco e ci vedrai.
- No, no: voglio ritornare a casa.

– Aspetta altri due minuti.

– Ho aspettato anche troppo. La Fata starà in pensiero per me.

– Povera Fata! Ha paura forse che ti mangino i pipistrelli?

– Ma dunque, – aggiunge Pinocchio, – tu sei veramente sicuro che in quel paese non ci siano scuole?

– Neanche l'ombra.

– E nemmeno maestri?

– Nemmeno uno.

– E non c'è mai l'obbligo di studiare?

– Mai, mai, mai!

– Che bel paese! – dice Pinocchio, sentendosi venire l'acquolina in bocca. – Che bel paese! Io non ci sono mai stato, ma me lo immagino!

– Perché non vieni anche tu?

– E inutile che mi tenti! Ormai ho promesso alla mia buona Fata di diventare un ragazzo di giudizio e non voglio mancare alla parola.

– Dunque addio, e salutami tanto le scuole medie! E anche le scuole superiori, se le incontri per strada.

– Addio, Lucignolo: fai buon viaggio, divertiti e ricordati qualche volta degli amici.

Detto questo, il burattino fa due passi verso casa, ma poi si ferma, si gira verso l'amico e gli domanda:

– Ma sei proprio sicuro che in quel paese tutte le settimane siano composte da sei giovedì e da una domenica?

– Sicurissimo.

– Ma sei certo che le vacanze inizino con il primo gennaio e finiscano con l'ultimo di dicembre?

– Certissimo!

– Che bel paese! – ripete Pinocchio.

Poi, con voce decisa, aggiunge in fretta e furia:

– Dunque, addio davvero: e buon viaggio.

– Addio.

– Fra quanto partite?

– Fra due ore!

– Peccato! Se alla partenza mancasse un'ora sola, potrei quasi quasi aspettare.

– E la Fata?

– Ormai ho fatto tardi! E tornare a casa un'ora prima o un'ora dopo è lo stesso!

– Povero Pinocchio! E se la Fata ti grida?

– Pazienza! La lascerò gridare. Quando avrà gridato ben bene si calmerà.

Intanto è già notte, notte fonda: quando improvvisamente vedono muoversi in lontananza una piccola luce... E sentono un suono di campanelle e uno squillo di trombetta, così piccolino e soffocato che sembra il rumore di una zanzara!

– Eccolo! – grida Lucignolo, alzandosi in piedi.

– Chi è? – domanda sottovoce Pinocchio.

– È il carro che viene a prendermi. Dunque, vuoi venire sì o no?

– Ma è proprio vero, – domanda il burattino, – che in quel paese i ragazzi non hanno mai l'obbligo di studiare?

– Mai, mai, mai!

– Che bel paese! Che bel paese! Che bel paese!

Capitolo 41

Finalmente il carro arriva. E arriva senza fare il più piccolo rumore, perché le sue ruote sono coperte da stracci.

Lo tirano dodici coppie di ciuchini, tutti della stessa grandezza, ma di diverso colore.

Alcuni sono grigi, altri bianchi, altri a macchie bianche e nere, altri a righe gialle e azzurre. Ma la cosa più strana di tutte è questa: che quei ventiquattro asinelli hanno ai piedi degli stivali da uomo, bianchi.

Il conduttore del carro è un omino più largo che lungo, con un visino rosa, una bocca piccola che ride sempre e una voce sottile e affettuosa.

Tutti i ragazzi appena lo vedono se ne innamorano subito e cercano di montare sul suo carro per primi, per essere portati da lui in quel fantastico Paese dei Balocchi.

Infatti il carro è già tutto pieno di ragazzetti fra gli otto e i dodici anni, ammucchiati uno sopra l'altro, come tante acciughe in un vasetto. Stanno male, stanno schiacciati, non possono quasi respirare: ma nessuno dice *ohi!*, nessuno si lamenta. La consolazione di sapere che fra poche ore saranno in un paese dove non ci sono né libri, né scuole, né maestri, li rende così contenti che non sentono né i disagi, né la fame, né la sete, né il sonno.

Appena il carro si ferma l'ometto guarda Lucignolo e pieno di cortesia gli domanda sorridendo:

– Dimmi, mio bel ragazzo, vuoi venire anche tu in quel fortunato paese?

– Sicuro che ci voglio venire.

– Ma ti avverto, carino mio, che nel carro non c'è più posto. Come vedi è tutto pieno!

– Pazienza! – risponde Lucignolo, – se non c'è posto dentro, starò in mezzo agli asinelli, sulla sbarra di legno.

Fa un salto e si mette a sedere fra gli animali.

– E tu, amor mio? – dice tutto gentile l'ometto a Pinocchio. – Che cosa vuoi fare? Vieni con noi, o rimani qui?

– Io rimango, – risponde Pinocchio. – Io voglio tornare a casa mia: voglio studiare e voglio essere bravo a scuola, come fanno tutti i ragazzi perbene.

– Buon per te!

– Pinocchio! – dice allora Lucignolo. – Ascoltami: vieni via con noi e staremo allegri.

- No, no, no!
- Vieni via con noi e staremo allegri! - urlano tutte insieme un centinaio di voci dentro al carro.
- E se vengo con voi, che cosa dirà la mia buona Fata? - dice il burattino che sta cominciando a cambiare idea.
- Non ci pensare! Pensa invece al paese dove potremo fare chiasso dalla mattina alla sera!

Pinocchio non risponde, ma fa un sospiro. Poi fa un altro sospiro, poi un terzo sospiro. Alla fine dice:
- Fatemi un po' di posto: voglio venire anch'io!
- I posti sono tutti pieni, - risponde l'ometto, - ma per mostrarti quanto sei il benvenuto, posso darti il mio posto sopra il carro.
- E tu?
- Io farò la strada a piedi.
- Assolutamente no, non lo permetto. Preferisco piuttosto salire sopra uno di questi ciuchini! - grida Pinocchio.

Detto fatto, si avvicina al ciuchino più vicino e cerca di salirci sopra. Ma l'animale si gira improvvisamente, gli dà un gran colpo con il muso nello stomaco e il burattino cade per terra.

Tutti i ragazzi ridono come matti a vedere Pinocchio a gambe all'aria.

Ma l'Omino non ride. Si avvicina pieno di amore al ciuchino ribelle e, facendo finta di dargli un bacio, gli morde invece a sangue l'orecchio destro.

Intanto Pinocchio si alza da terra tutto arrabbiato e salta sopra la groppa del povero animale. E il salto è così bello che i ragazzi smettono di ridere e cominciano a urlare: "Viva Pinocchio!", e battono tutti le mani.

Ma all'improvviso l'asinello alza tutt'e due le gambe di dietro e con un forte movimento butta il burattino in mezzo alla strada.

Allora grandi risate daccapo, ma l'Omino, invece di ridere, si avvicina di nuovo con tanto amore al nervoso ciuchino e con un bacio gli morde a sangue l'altro orecchio. Poi dice a Pinocchio:

– Prova di nuovo e non avere paura. Ho detto due paroline nelle orecchie del ciuchino e spero di averlo reso tranquillo e ragionevole.

Il burattino monta e il carro comincia a muoversi, ma mentre i ciuchini galoppano e il carro corre sulla strada, gli sembra di sentire una voce debole debole che gli dice:

– Povero credulone! Hai voluto fare a modo tuo, ma te ne pentirai!

Pinocchio, quasi impaurito, guarda di qua e di là, per scoprire da dove vengano queste parole, ma non vede nessuno. I ciuchini galoppano, il carro corre, i ragazzi dentro al carro dormono, Lucignolo russa come un ghiro e l'Omino canta piano:

– Tutti la notte dormono. E io non dormo mai...

Capitolo 42

Dopo un chilometro Pinocchio sente di nuovo la solita vocina bassa che gli dice:

– Ricordatelo, stupidello! I ragazzi che smettono i studiare e rifiutano i libri, le scuole e i maestri, per dedicarsi totalmente ai giochi e ai divertimenti, fanno tutti una brutta fine! Io lo so per esperienza! E ti posso dire che verrà un giorno in cui piangerai anche tu, come oggi piango io... ma allora sarà troppo tardi!

A queste parole dette sottovoce, il burattino, spaventatissimo, salta giù dalla groppa dell'animale e va a prendere il suo asinello per il muso.

E rimane a bocca aperta quando vede che il suo ciuchino piange... e piange proprio come un ragazzo!

– Ehi, signor omino, – grida allora Pinocchio al padrone del carro, – sai che succede? Questo ciuchino piange.

– Lascialo piangere: riderà quando sarà sposo.

– Ma forse gli avete insegnato anche a parlare?

– No: ha imparato da solo a borbottare qualche parola, infatti è stato tre anni in un circo con dei cani ammaestrati.

– Povera bestia!

– Via, via, – dice l'Omino, – non perdiamo il nostro tempo a veder piangere un asino. Sali in groppa e andiamo: la notte è fresca e la strada è lunga.

Pinocchio obbedisce senza dire altro. Il carro riprende la sua corsa e la mattina, all'alba, arrivano felicemente nel Paese dei Balocchi.

Questo paese non assomiglia a nessun altro paese del mondo. La sua popolazione è tutta composta di ragazzi. I più vecchi hanno quattordici anni: i più giovani ne hanno appena otto. Nelle strade c'è un'allegria, un chiasso, una confusione incredibile! Gruppi di monelli dappertutto. Chi gioca con le biglie di vetro, chi a pallone, chi va in bicicletta, chi sopra un cavallino di legno; alcuni giocano a mosca-cieca, altri si rincorrono, altri sono vestiti da pagliacci; c'è chi recita, chi canta, chi fa i salti mortali, chi si diverte a camminare con le mani in terra e con le gambe in aria; chi gioca con il cerchio di legno, chi passeggia vestito da generale con l'elmo; chi ride, chi urla, chi chiama, chi batte le mani, chi fischia, chi fa il verso della gallina quando ha fatto l'uovo. Insomma c'è una tale confusione indiavolata da doversi mettere il cotone nelle orecchie per non diventare sordi. Su tutte le piazze ci sono teatrini di stoffa, pieni di ragazzi dalla mattina alla sera, e su tutti i muri delle case si leggono scritte con il carbone delle bellissime cose come queste: *Viva i balocci* (invece di *balocchi*); *Non voglamo più schole* (invece di *non vogliamo più scuole*); *Abbasso Larin Metica* (invece di *l'aritmetica*) e altri gioielli simili.

Pinocchio, Lucignolo e tutti gli altri ragazzi che hanno fatto il viaggio con l'Omino, appena entrano in città corrono in mezzo alla confusione e, in pochi minuti, diventano gli amici di tutti. Sono uno più felice dell'altro.

In mezzo ai continui divertimenti e alle feste, le ore, i giorni e le settimane passano veloci.

– Oh! Che bella vita! – dice Pinocchio tutte le volte che per caso si incontra con Lucignolo.

– Vedi che avevo ragione? – dice l'amico. – E tu che non volevi partire! E volevi tornare a casa della tua Fata per perdere tempo a studiare! Se oggi ti sei liberato della noia dei libri e delle scuole lo devi a me e ai miei consigli, vero? Solo i veri amici fanno questi grandi favori.

– È vero, Lucignolo! Se oggi io sono un ragazzo veramente contento è tutto merito tuo. E il maestro, invece, sai che cosa mi diceva, parlando di te? Mi diceva sempre: "Non frequentare quel monello di Lucignolo perché Lucignolo è un cattivo compagno e ti consiglierà sempre di fare del male!"

– Povero maestro! – risponde l'altro annuendo con la testa. – Lo so che purtroppo non mi sopportava e si divertiva sempre a parlare male di me, ma io sono generoso e lo perdono!

– Anima grande! – dice Pinocchio e abbraccia affettuosamente l'amico e gli dà un bacio in mezzo agli occhi.

Intanto è già da cinque mesi che dura questa bella vita, giocando e divertendosi tutto il giorno, senza mai vedere né un libro, né una scuola. Quando una mattina, Pinocchio si sveglia e ha una brutta sorpresa che lo mette proprio di malumore...

Capitolo 43

Appena sveglio Pinocchio si gratta la testa e si accorge con grandissima meraviglia che le sue orecchie sono cresciute di alcuni centimetri.

Va subito in cerca di uno specchio, per potersi vedere. Ma non trova nessuno specchio, allora riempie d'acqua un secchio e ci si specchia dentro. Vede quello che non avrebbe mai voluto vedere: vede, cioè, la sua immagine abbellita da un magnifico paio di orecchie da asino.

Il povero burattino prova dolore, vergogna e disperazione. Comincia a piangere, a urlare e a battere la testa sul muro: ma quanto più si dispera più le sue orecchie crescono, crescono e diventano pelose in cima.

Al rumore di quelle grida acutissime entra nella stanza una bella Marmottina, che abita al piano di sopra. L'animaletto vede Pinocchio così agitato e gli domanda premuroso:

– Che cos'hai, mio caro vicino?
– Sono malato, Marmottina mia, molto malato... e malato di una malattia che mi fa paura! Mi puoi controllare se ho la febbre?
– Certo!

La Marmottina alza la zampa destra e tocca il polso di Pinocchio, poi dice sospirando:
– Amico mio, mi dispiace doverti dare una cattiva notizia!

– Cioè?
– Tu hai una gran brutta febbre!
– E che tipo di febbre?
– È la febbre del somaro.
– Non la conosco questa febbre! – risponde il burattino.
– Allora te la spiego io. – aggiunge la Marmottina. – Fra due o tre ore tu non sarai più burattino, né un ragazzo...
– E che cosa sarò?
– Fra due o tre ore tu diventerai un ciuchino vero e proprio, come quelli che tirano il carretto e che portano i

cavoli e l'insalata al mercato.

– Oh! Povero me! Povero me! – grida Pinocchio stringendosi con le mani tutt'e due le orecchie, e tirandole rabbiosamente, come se fossero le orecchie di un altro.

– Caro mio, – dice la Marmottina per consolarlo, – che cosa ci vuoi fare? Ormai è destino: tutti quei ragazzi svogliati che odiano i libri, le scuole e i maestri, e passano le loro giornate a divertirsi e a giocare, prima o poi si trasformano in tanti piccoli somari.

– Ma davvero è proprio così? – domanda singhiozzando il burattino.

– Purtroppo è cosi! E ora piangere è inutile. Bisognava pensarci prima!

– Ma la colpa non è mia: la colpa, credimi Marmottina mia, e tutta di Lucignolo!

– E chi è questo Lucignolo?

– Un mio compagno di scuola. Io volevo tornare a casa, io volevo essere ubbidiente, io volevo continuare a studiare... Ma Lucignolo mi ha detto: "Perché vuoi annoiarti a studiare? Perché vuoi andare alla scuola? Vieni invece con me, nel Paese dei Balocchi: lì non studieremo più, lì ci divertiremo dalla mattina alla sera e staremo sempre allegri."

– E perché hai seguito il consiglio di quel falso amico? Di quel cattivo compagno?

– Perché? Perché, Marmottina mia, io sono un burattino senza giudizio... e senza cuore. Oh! Se avessi avuto un poco di cuore non avrei mai abbandonato quella buona Fata, che mi voleva bene come una mamma e che ha fatto tanto per me! E adesso non sarei più un burattino, ma sarei invece un ragazzino perbene, come ce ne sono tanti! Oh! Me se incontro Lucignolo, guai a lui!

E va verso la porta per uscire. Ma quando è sulla porta si ricorda di avere le orecchie d'asino e si vergogna a mostrarle in pubblico. Allora prende un grande cappello di cotone e se lo mette in testa fino al naso.

Poi esce e si mette a cercare Lucignolo dappertutto. Lo cerca nelle strade, nelle piazze, nei teatrini, in ogni luogo: ma non lo trova. Chiede informazioni a chi incontra per la strada, ma nessuno l'ha visto.

Allora va a cercarlo a casa sua, e arrivato alla porta, bussa.

– Chi è? – domanda Lucignolo da dentro.

– Sono io! – risponde il burattino.

– Aspetta un momento, e ti apro.

Dopo mezzora la porta si apre, e quando Pinocchio entra nella stanza vede il suo amico Lucignolo con un grande cappello di cotone in testa, che gli arriva fino al naso.

Capitolo 44

Quando Pinocchio vede quel cappello quasi si consola e pensa dentro di sé:

– Forse il mio amico è malato della mia stessa malattia? Forse anche lui ha la febbre del somaro?

Allora fa finta di non essersi accorto di nulla e gli domanda sorridendo:

– Come stai, mio caro Lucignolo?

– Benissimo: come un topo nel formaggio.

– Dici proprio sul serio?

– E perché dovrei dirti una bugia?

– Scusami, amico: e allora perché tieni in testa questo cappello di cotone che ti copre le orecchie?

– Me l'ha ordinato il medico, perché mi sono fatto male a questo ginocchio. E tu, caro burattino, perché porti questo cappello di cotone infilato fino al naso?

– Me l'ha ordinato il medico, perché mi sono fatto male a un piede.

– Oh! Povero Pinocchio!

– Oh! Povero Lucignolo!

Dopo queste parole c'è un lunghissimo silenzio, dove i due amici si guardano fra loro negli occhi.

Alla fine il burattino dice al compagno con una vocina dolce:

– Toglimi una curiosità, mio caro Lucignolo: hai mai sofferto di malattia alle orecchie?

– Mai! E tu?

– Mai! Però da questa mattina ho un orecchio che mi fa soffrire.

– Ho lo stesso male anch'io.

– Anche tu? E qual è l'orecchio che ti fa male?

– Tutt'e due. E tu?

– Tutt'e due. Forse è la stessa malattia?

– Ho paura di sì...

– Vuoi farmi un piacere, Lucignolo?

– Volentieri! Con tutto il cuore.

– Mi fai vedere le tue orecchie?

– Perché no? Ma prima voglio vedere le tue, caro Pinocchio.

– No: il primo devi essere tu.

– No, carino! Prima tu, e dopo io!

– Allora, – dice il burattino, – facciamo un patto da buoni amici.

– Sentiamo il patto.

– Leviamoci tutt'e due il berretto nello stesso momento, accetti?

– Accetto.

– Dunque pronti!

E Pinocchio comincia a contare a voce alta:

– Uno! Due! Tre!

Alla parole *tre!* i due ragazzi prendono i loro cappelli in mano e li buttano in aria.

E allora succede una cosa incredibile: quando Pinocchio e Lucignolo scoprono di avere la stessa malattia, invece di diventare tristi e sofferenti, fanno una gran bella risata.

E ridono, ridono, ridono finché all'improvviso Lucignolo sta zitto, poi barcolla, il suo viso cambia colore e dice all'amico:

– Aiuto, aiuto, Pinocchio!

– Che cos'hai?

– Povero me! Non riesco a stare dritto sulle gambe.

– Neanch'io! – grida Pinocchio, piangendo e barcollando.

E mentre parlano si mettono per terra e iniziano a camminare con le mani e con i piedi, girando e correndo per la stanza. Le loro braccia diventano zampe, i loro visi si allungano e diventano musi e le loro schiene si coprono di un pelo grigio chiaro con puntini neri.

Ma il momento più brutto e umiliante per i due amici è quando gli cresce dietro la coda. Pieni di vergogna e dolore provano a piangere e a lamentarsi del loro destino. Ma invece di voci umane ragliano come asini e fanno tutt'e due in coro: *j-a, j-a, j-a*.

In quel momento bussano alla porta e una voce dice:

– Aprite! Sono l'Omino, sono il conduttore del carro che vi ha portati in questo paese. Aprite subito, o guai a voi!

Capitolo 45

La porta non viene aperta, allora l'Omino la spalanca con un violentissimo calcio. Entra nella stanza e dice sorridendo a Pinocchio e a Lucignolo:

– Bravi ragazzi! Avete ragliato bene e io vi ho subito riconosciuti dalla voce. E per questo eccomi qui.

Dopo aver sentito queste parole, i due asinelli diventano tristi e silenziosi, con la testa giù, le orecchie basse e la coda fra le gambe.

All'inizio l'Omino li accarezza, poi tira fuori una spazzola e li striglia perbene.

E quando sono lucidi come due specchi li lega con una corda e li porta sulla piazza del mercato, con la speranza di venderli e di guadagnarci qualcosa.

E i compratori, infatti, arrivano subito.

Lucignolo è comprato da un contadino a cui era morto il somaro il giorno prima. Pinocchio invece è venduto al direttore di una compagnia di pagliacci e saltatori di corda, che lo compra per ammaestrarlo e per farlo poi saltare e ballare insieme con altri animali.

Ecco qual è la professione dell'Omino: quel brutto mostriciattolo, che sembra tutto latte e miele, gira il mondo con un carro e raccoglie con promesse e parole dolci tutti i ragazzi svogliati che odiano i libri e le scuole. Poi li porta nel Paese dei Balocchi a passare tutto il loro tempo in giochi, feste e divertimenti. Quando quei poveri ragazzi illusi, a furia di divertirsi sempre e a non studiare mai, diventano ciuchini, lui, tutto allegro e contento, li prende e li vende al mercato. E così in pochi anni ha fatto un sacco di soldi ed è diventato milionario.

Il povero Pinocchio inizia subito una vita durissima e faticosa.

Il nuovo padrone lo porta nella stalla e gli dà da mangiare della paglia, ma Pinocchio ne assaggia un po' e poi la sputa.

Allora il padrone, brontolando, gli dà da mangiare del fieno: ma neppure il fieno gli piace.

– Ah! Non ti piace neanche il fieno? – grida il padrone arrabbiato. – Ciuchino bello, se fai i capricci ti darò una bella lezione!

E gli tira subito una frustata nelle gambe.

Pinocchio prova un grande dolore, comincia a piangere e a ragliare, e ragliando dice:

– J-a, j-a, la paglia non la posso digerire!

– Allora mangia il fieno! – risponde il padrone che capisce perfettamente il dialetto asinino.

– J-a, j-a, il fieno mi fa star male!

– Dovrei, secondo te, dare da mangiare a un somaro petti di pollo e cappone in gelatina? – aggiunge il padrone arrabbiandosi sempre più e tirandogli una seconda frustata.

Dopo quella seconda frustata Pinocchio, per prudenza, si calma subito e non dice altro.

La stalla viene chiusa e Pinocchio rimane solo. Ha molta fame e alla fine si rassegna a masticare un po' di fieno. E dopo averlo masticato ben bene chiude gli occhi e lo manda giù.

– Questo fieno non è cattivo, – dice dentro di sé, – ma sarebbe stato meglio se continuavo a studiare! Adesso, invece di fieno, potrei mangiare un pezzo di pane fresco e una bella fetta di salame! Pazienza!

La mattina dopo si sveglia e cerca subito un altro po' di fieno, ma non lo trova perché l'ha mangiato tutto durante la notte.

Allora prende un po' di paglia tritata, ma mentre la mastica si accorge che il sapore della paglia tritata non assomiglia né al risotto alla milanese né ai maccheroni alla napoletana.

– Pazienza! – ripete, continuando a masticare. – Spero almeno che la mia sfortuna possa servire da lezione a tutti i ragazzi disubbidienti e che non hanno voglia di studiare. Pazienza! Pazienza!

– Pazienza un corno! – urla il padrone, entrando in quel momento nella stalla. – Credi forse, mio bel ciuchino, che io ti abbia comprato unicamente per darti da bere e da mangiare? Io ti ho comprato perché tu lavori e perché tu mi faccia guadagnare molti soldi. Su, dunque, da bravo! Vieni con me nel Circo, e là ti insegno a saltare i cerchi, a rompere con la testa le botti e a ballare il valzer e la polca, stando in piedi sulle gambe di dietro.

Il povero Pinocchio, per amore o per forza, impara tutte queste bellissime cose, ma, per impararle, gli servono tre mesi di lezioni, e molte frustate...

Capitolo 46

Arriva finalmente il giorno in cui il padrone di Pinocchio annuncia uno spettacolo veramente straordinario. I cartelli di vari colori, attaccati sui muri delle strade, dicono così:

GRANDE SPETTACOLO
DI
GALA

Per questa sera

AVRANNO LUOGO I SOLITI SALTI

ED ESERCIZI SORPRENDENTI

ESEGUITI DA TUTTI GLI ARTISTI

e da tutti i cavalli d'ambo i sessi della Compagnia

e più

Sarà presentato per la prima volta

il famoso

CIUCHINO PINOCCHIO

detto

LA STELLA DELLA DANZA

Il teatro sarà illuminato a giorno

Quella sera, un'ora prima che cominci lo spettacolo, il teatro è pieno zeppo.

Non c'è un posto libero da nessuna parte, neanche a pagarlo a peso d'oro.

Le gradinate del circo sono piene di bambini, di bambine e di ragazzi di tutte le età, e tutti vogliono veder ballare il famoso chiuchino Pinocchio.

Finita la prima parte dello spettacolo, il direttore della compagnia, vestito con una giacca nera, pantaloni bianchi e stivali di pelle fin sopra le ginocchia, si presenta all'affollatissimo pubblico. Fa un grande inchino e dice solenne:

– Rispettabile pubblico, signore e signori! Ho l'onore e il piacere di presentarvi un famoso ciuchino, che ha ballato in passato davanti a Sua Maestà l'Imperatore d'Europa!

Pinocchio compare in mezzo al circo e tutti applaudono forte. È vestito a festa: due fiori sulle orecchie, la criniera pettinata e piena di fiocchi d'argento, la coda tutta intrecciata con nastri rossi e azzurri. È un asinello bellissimo!

Il direttore del circo aggiunge queste parole:

– Mio gentile pubblico! Per addestrare questo ciuchino ho avuto moltissime difficoltà. L'ho catturato mentre pascolava libero per le montagne: guardate la luce selvaggia dei suoi occhi. Ho provato in tutti i modi ad addomesticarlo come un animale civile, con l'amore e la cortesia, ma spesso ho dovuto usare la frusta. E lui, invece di volermi bene per dargli una casa e da mangiare, si comporta a volte come un asinello cattivo. Ma io gli ho insegnato comunque a ballare, a saltare nei cerchi e a sfondare le botti. Ammiratelo, e poi giudicatelo!

Il direttore fa un altro profondo inchino, si rivolge a Pinocchio e gli dice:

– Forza, Pinocchio! Prima di iniziare gli esercizi, saluta questo rispettabile pubblico di signore, signori e ragazzi!

Pinocchio, ubbidiente, piega subito le due ginocchia davanti, fino a terra, e rimane inginocchiato finché il direttore schiocca la frusta e gli grida:

– Al passo!

Allora il ciuchino si alza sulle quattro gambe e comincia a girare intorno al Circo, camminando sempre al passo.

Dopo un poco il direttore grida:

– Al trotto! – e Pinocchio, ubbidiente al comando, cammina più veloce, al trotto.

– Al galoppo! – e Pinocchio corre, al galoppo.

– Alla carriera! – e Pinocchio si mette a correre di gran carriera.

Ma mentre corre il direttore alza il braccio in aria e spara un colpo di pistola.

Quando sente quel colpo il ciuchino fa finta di essere ferito e cade disteso, come se fosse moribondo veramente.

Quando, poco dopo, si rialza, il pubblico lo applaude fortissimo, felice. Pinocchio alza la testa e vede in un palco una bella signora, che ha al collo una grossa collana d'oro, con un medaglione.

Nel medaglione c'è dipinto il ritratto d'un burattino.

– Quel ritratto è il mio! Quella signora è la Fata! – dice dentro di sé Pinocchio, riconoscendola subito. È così contento che prova a gridare:

– Fatina mia! Fatina mia!

Ma invece di queste parole gli esce dalla gola un raglio così forte e lungo, che fa ridere tutti gli spettatori.

Allora il direttore, per insegnarli che non è buona educazione ragliare in faccia al pubblico, gli dà con il manico della frusta un colpo sul naso.

Il povero chiuchino si lecca il naso per cinque minuti, per il dolore. Ma quando alza di nuovo la testa è preso dalla disperazione: il palco è vuoto e la Fata è sparita!

Pinocchio si sente come morire: gli occhi gli si riempiono di lacrime e comincia a piangere. Nessuno però se ne accorge, neanche il direttore, che anzi schiocca la frusta e grida:

– Su, Pinocchio! Ora fai vedere a questi signori quanto sei bravo a saltare i cerchi.

L'asinello prova due o tre volte: ma ogni volta che arriva davanti al cerchio, invece di saltarci dentro, ci passa più comodamente di sotto. Alla fine fa un bel salto e l'attraversa, ma le gambe di dietro gli rimangono sfortunatamente nel cerchio e lui cade per terra.

Quando si rialza zoppica, e faticosamente riesce a tornare nella stalla.

– Fuori Pinocchio! Vogliamo il ciuchino! Fuori il ciuchino! – gridano i ragazzi del circo, pieni di pietà e commossi per il povero asinello.

Ma il ciuchino quella sera non si fa rivedere.

Capitolo 47

La mattina dopo il veterinario visita Pinocchio e dichiara che il ciuchino rimarrà zoppo tutta la vita.

Allora il direttore dice al suo aiutante:

– A cosa mi serve un somaro zoppo? Mangerebbe senza lavorare. Portalo in piazza e rivendilo.

Arrivati in piazza trovano subito il compratore, che domanda all'aiutante:

– Quanto vuoi per questo ciuchino zoppo?

– Venti monete d'argento.

– Io ti do venti monete di bronzo. Non lo compro per usarlo: lo compro solo per la sua pelle. Vedo che ha la pelle molto dura e con la sua pelle voglio fare un tamburo per l'orchestra del mio paese.

Pinocchio è molto spaventato al pensiero di diventare un tamburo e si guarda intorno impaurito.

Il compratore paga le venti monete di bronzo e porta il ciuchino sopra uno scoglio, sulla riva del mare. Gli mette un sasso al collo, lo lega per una zampa con una corda che tiene in mano e all'improvviso lo butta in acqua.

Pinocchio, con quella pietra al collo, va subito a fondo. Il compratore tiene stretta in mano la corda, poi si siede sullo scoglio e aspetta che il chiuchino muoia affogato, per poi levargli la pelle.

Dopo cinquanta minuti che l'asinello è sott'acqua, il compratore dice, parlando da solo:

– A quest'ora il mio povero ciuchino zoppo deve essere affogato. Lo tiro dunque su e faccio con la sua pelle un bel tamburo.

Comincia a tirare la corda e tira, tira, tira, alla fine vede apparire qualcosa di diverso da un asinello morto. Attaccato per una gamba c'è un burattino di legno vivo e vegeto!

Quando l'uomo vede quel burattino crede di sognare e rimane lì intontito, a bocca aperta e con gli occhi fuori dalla testa.

Poco dopo si riprende dallo stupore e dice piano balbettando:
- E il ciuchino che ho buttato in mare dov'è?
- Quel ciuchino sono io! - risponde il burattino, ridendo.
- Tu?
- Io.
- Ah! Furfante! Mi prendi in giro?
- Prenderti in giro? Assolutamente no, caro padrone: io parlo sul serio.
- Ma come mai tu, che poco fa eri un ciuchino, ora stando nell'acqua sei diventato un burattino di legno?
- Forse è stato l'effetto dell'acqua del mare. Il mare fa a volte questi scherzi.
- Attento, burattino, attento! Non divertirti alle mie spalle. Guai a te, se perdo la pazienza!
- Padrone, vuoi sapere tutta la vera storia?

Quel buon pasticcione del compratore, curioso di conoscere la vera storia, gli scioglie subito il nodo della corda che lo tiene legato. Allora Pinocchio, adesso libero come un uccello nell'aria, inizia a raccontare:
- Una volta ero un burattino di legno come sono oggi. Per la mia poca voglia di studiare e per seguire i cattivi compagni sono scappato di casa. E un bel giorno mi sono svegliato e mi sono trasformato in un somaro con le orecchie e la coda! Che vergogna! Poi mi hanno venduto al mercato degli asini, dove sono stato comprato dal direttore di un circo, che mi ha insegnato a ballare e a saltare i cerchi. Ma una sera durante lo spettacolo ho fatto una brutta caduta e sono rimasto zoppo. Allora il direttore mi ha venduto e tu mi hai comprato!
- Purtroppo! E ti ho pagato venti monete di bronzo. E la tua storia finisce qui?
- No. Dopo avermi comprato mi hai portato in questo luogo per uccidermi, ma poi hai preferito legarmi un sasso al collo e gettarmi in fondo al mare. Ma la Fata è venuta ad

aiutarmi...

– E chi è questa Fata?

– È la mia mamma, che assomiglia a tutte quelle buone mamme che amano i loro figli e li aiutano in ogni disgrazia, anche quando questi ragazzi si comportano male. Dunque la buona Fata, appena mi ha visto in pericolo di affogare, ha mandato subito intorno a me un numero infinito di pesci. Questi pesci mi credevano un ciuchino morto e hanno cominciato a mangiarmi! Ma quando mi hanno mangiato tutto il corpo di asino sono arrivati al legno, e io sono fatto di legno durissimo. Allora hanno capito che non ero più cibo per loro e se ne sono andati via, senza nemmeno girarsi a dirmi grazie... Ed ecco perché quando hai tirato su la corda hai trovato un burattino vivo, invece di un ciuchino morto.

– Non m'importa la tua storia! – grida il compratore imbestialito. – Io so che ho speso venti monete per comprarti e adesso rivoglio i miei soldi. Sai che cosa farò? Ti porto al mercato e ti rivendo a peso di legno stagionato per accendere il fuoco.

– Rivendimi pure: io sono contento. – dice Pinocchio.

Ma mentre parla così il burattino fa un bel salto e si butta in acqua. Nuota allegramente lontano dalla spiaggia e dice al povero compratore:

– Addio padrone, se hai bisogno di una pelle per fare un tamburo, ricordati di me.

Poi ride e continua a nuotare. E dopo un poco si gira indietro e urla più forte:

– Addio padrone, se hai bisogno di un po' di legno stagionato per accendere il fuoco, ricordati di me.

E in poco tempo il burattino è così lontano che il compratore vede solo un puntino nero, che nuota come un delfino felice.

Capitolo 48

Pinocchio continua a nuotare tranquillo quando all'improvviso vede in mezzo al mare uno scoglio che sembra di marmo bianco. E sulla cima dello scoglio sta una bella Caprettina che bela amorosamente e gli fa segno di avvicinarsi.

La cosa più strana è questa: la lana della Caprettina, invece di essere bianca o nera, o di due colori, come quella delle altre capre, è invece turchina, di un turchino splendente come i capelli della Fata.

Il cuore di Pinocchio inizia a battere più forte! Nuota più veloce che può verso lo scoglio bianco.

È a metà strada quando vede venirgli incontro un'orribile testa di mostro marino, con la bocca spalancata come una voragine e una fila di denti terribili. Quel mostro marino è il gigantesco Pescecane!

Pinocchio, spaventato, cerca di evitarlo e di cambiare strada. Il burattino cerca di fuggire, ma quella immensa bocca spalancata gli viene sempre incontro con la velocità di un fulmine.

– Fai in fretta, Pinocchio! – grida belando la bella Caprettina.

E Pinocchio nuota disperatamente con le braccia, con il petto, con le gambe e con i piedi.

– Corri, Pinocchio, perché il mostro si avvicina!

E Pinocchio, impegnandosi disperatamente, raddoppia la sua forza nella nuotata.

– Attento, Pinocchio! Il mostro ti raggiunge! Eccolo! Eccolo! Fai in fretta o sei perduto!

E Pinocchio nuota più veloce che mai, e via, e via, e via, come andrebbe un proiettile di fucile. È quasi vicino allo scoglio e la Caprettina si sporge tutta sul mare, con le sue zampine davanti per aiutarlo a uscire dall'acqua!

Ma è troppo tardi! Il mostro lo ha raggiunto: beve il povero burattino come si beve un uovo di gallina... E lo inghiotte con tanta violenza e con tanta avidità che Pinocchio, cascando nel corpo del Pescecane, batte forte la testa e sviene per un quarto d'ora.

Quando torna in sé non capisce in che mondo sia. Intorno a lui c'è da ogni parte un gran buio: un buio così nero e profondo che gli sembra di essere in una boccetta piena d'inchiostro. Sta in ascolto e non sente nessun rumore. Di tanto in tanto sente che gli arrivano sul viso alcune grandi folate di vento. Perché infatti il Pescecane soffre moltissimo d'asma, e quando respira sembra che ci sia un vento freddo di montagna.

All'inizio Pinocchio cerca di farsi un po' di coraggio, ma, quando capisce di trovarsi chiuso nel corpo del mostro marino, comincia a piangere e a urlare, e piangendo dice:

– Aiuto! Aiuto! Oh povero me! Non c'è nessuno che venga a salvarmi?

– Chi vuoi che ti salvi, disgraziato? – dice in quel buio una voce stridula, che sembra una chitarra scordata.

– Chi è che parla così? – domanda Pinocchio pieno di spavento.

– Sono io! Sono un povero Tonno, inghiottito dal

Pescecane insieme a te. E tu che pesce sei?

– Io non sono un pesce, io sono un burattino.

– E allora, se non sei un pesce, perché ti sei fatto inghiottire dal mostro?

– Non sono io che mi sono fatto inghiottire: è lui che mi ha inghiottito! E ora che cosa dobbiamo fare qui al buio?

– Rassegnamoci e aspettiamo che il Pescecane ci digerisca tutt'e due!

– Ma io non voglio essere digerito! – urla Pinocchio ricominciando a piangere.

– Neppure io vorrei essere digerito, – aggiunge il Tonno, – ma io sono abbastanza filosofo, e mi consolo pensando che quando si nasce Tonni c'è più dignità a morire sott'acqua che sott'olio!

– Stupidaggini! – grida Pinocchio.

– La mia è un'opinione, – risponde il Tonno, – e le opinioni, come dicono i Tonni politici, vanno rispettate!

– Insomma... Io voglio andarmene di qui... Io voglio scappare...

– Scappa, se ti riesce!

– È molto grosso questo Pescecane che ci ha inghiottiti? – domanda il burattino.

– Eccome! Il suo corpo è più lungo di un chilometro, senza contare la coda.

Mentre fanno questa conversazione al buio, Pinocchio crede di vedere lontano lontano una piccola luce.

– Che cos'è quella luce lontana lontana? – domanda Pinocchio.

– Forse è un nostro compagno di sfortuna, che aspetta come noi il momento di essere digerito!

– Voglio andare a trovarlo. Forse è un vecchio pesce che può insegnarmi la strada per fuggire...

– Buona fortuna, caro burattino!

– Addio, Tonno.

– Addio, burattino.
– Dove ci rivedremo?
– Chi lo sa? È meglio non pensarci neppure!

Capitolo 49

Dopo aver detto addio al suo buon amico Tonno, Pinocchio si muove con difficoltà in mezzo a quel buio... Cammina piano dentro il corpo del Pescecane, un passo dietro l'altro verso la piccola luce che vede brillare lontano lontano.

E più va avanti, più la luce diventa chiara, finché, cammina cammina, alla fine arriva. E cosa trova? Trova una piccola tavola apparecchiata, con sopra una candela accesa infilata in una bottiglia di vetro verde. Seduto a tavola c'è un vecchiettino tutto bianco, come se fosse di neve o di panna montata, che sta masticando alcuni pesciolini vivi, così vivi che a volte gli scappano fuori dalla bocca.

Pinocchio prova un'allegria così grande e così inaspettata

che vuole ridere, vuole piangere, vuole dire un sacco di cose: invece balbetta delle parole senza senso. Alla fine riesce a fare un grido di gioia, spalanca le braccia e si butta al collo del vecchietto. E urla:

– Oh babbino mio! Finalmente ti ho ritrovato! Adesso non ti lascerò mai più, mai più, mai più!

– È vero quello che vedo? – risponde il vecchietto stropicciandosi gli occhi. – Sei veramente il mio caro Pinocchio?

– Sì, sì, sono io, proprio io! E tu mi hai già perdonato, non è vero? Oh! Babbino mio, come sei buono! E io, invece... Oh! Ma se sapessi quante disgrazie mi sono successe! Il giorno che tu, povero babbino, hai venduto la tua giacca per comprarmi il libro di scuola, io sono scappato per vedere i burattini, e il Burattinaio mi voleva mettere sul fuoco per cuocere l'arrosto, ma poi mi ha dato cinque monete d'oro, per portartele, ma io ho trovato la Volpe e il Gatto che mi hanno portato all'osteria del Gambero Rosso dove hanno mangiato tantissimo, poi io sono partito da solo di notte e ho incontrato gli assassini che mi sono corsi dietro, e io via, finché mi hanno impiccato a un ramo della Quercia grande, dove la bella Bambina dai capelli turchini mi ha salvato e i medici, dopo che mi hanno visitato, hanno detto subito: "Se non è morto, allora è sicuramente vivo", e poi ho detto una bugia e il naso mi è cresciuto e non potevo uscire dalla porta della camera. Dopo sono andato con la Volpe e il Gatto a sotterrare le quattro monete d'oro, perché una l'avevo spesa all'osteria, e il Pappagallo si è messo a ridere, e invece di duemila monete non ho trovato più nulla. Il giudice quando ha saputo che sono stato derubato mi ha fatto mettere in prigione, per dare soddisfazione ai ladri, e quando sono uscito ho visto un bel grappolo d'uva in un campo, dopo sono rimasto preso dalla tagliola e il contadino mi ha messo il collare da cane per fare la guardia al pollaio. Alla fine ha riconosciuto la mia innocenza e mi ha lasciato andare, e il Serpente con la coda che gli fumava ha cominciato a ridere e poi gli è venuto un infarto. Così sono tornato alla Casa della bella Bambina, che era morta, e il Colombo ha visto che piangevo e mi ha detto: "Ho visto il tuo babbo che si fabbricava una barchetta per venirti a cercare", e io gli ho detto: "Sarebbe bello avere le ali!", e lui mi ha detto: "Vuoi andare dal tuo babbo?", e io gli ho detto: "Magari! Ma chi mi ci porta?", e lui: "Ti ci porto io", e io gli ho detto: "Come?", e lui mi ha detto: "Sopra di me", e così abbiamo volato tutta la notte, e poi la mattina tutti i pescatori che guardavano verso il mare mi hanno detto: "C'è un pover'uomo in una barchetta che sta per affogare", e io da lontano ti ho riconosciuto subito, perché me lo diceva il cuore, e ti ho fatto cenno di tornare alla spiaggia...

– Ti ho riconosciuto anch'io, – dice Geppetto, – e sarei volentieri tornato alla spiaggia: ma come fare? Il mare era in tempesta e una grande onda mi ha rovesciato la barchetta. Allora un orribile Pescecane che era lì vicino, appena mi ha visto nell'acqua è subito corso verso di me, ha tirato fuori la lingua e mi ha inghiottito come un tortellino di Bologna.

– E da quanto tempo sei chiuso qui dentro? – domanda Pinocchio.

– Da quel giorno in avanti, sono ormai due anni: due anni, Pinocchio mio, che mi sono sembrati due secoli!

– E come hai fatto a sopravvivere? E dove hai trovato la candela? E i fiammiferi per accenderla, chi te li ha dati?

– Ora ti racconterò tutto...

Capitolo 50

Geppetto inizia il suo racconto:

– La stessa tempesta che ha rovesciato la mia barchetta ha fatto affondare anche una nave mercantile. I marinai si sono salvati tutti ma la nave è andata a fondo, e il solito Pescecane, che quel giorno aveva un grande appetito, dopo aver inghiottito me ha inghiottito anche la nave...

– Come? L'ha inghiottita tutta in un boccone? – domanda Pinocchio meravigliato.

– Tutta in un boccone: e alla fine ha sputato fuori solo l'albero maestro, perché gli era rimasto fra i denti. Per mia grande fortuna quella nave era carica di carne conservata, di biscotti, di pane tostato, di bottiglie di vino, di uva secca, di formaggio, di caffè, di zucchero, di candele e di scatole di fiammiferi. Con tutte queste cose ho potuto sopravvivere due anni: ma oggi ho quasi finito tutto... Non c'è più niente da mangiare e questa candela che vedi accesa è l'ultima candela che mi è rimasta...

– E dopo?

– E dopo, caro mio, rimarremo tutt'e due al buio.

– Allora, babbino mio, – dice Pinocchio, – non c'è tempo da perdere. Bisogna pensare subito a scappare...

– A scappare? E come?

– Scappando dalla bocca del Pescecane e buttandosi a nuoto in mare.

– Ma io, caro Pinocchio, non so nuotare.

– E qual è il problema? Mi sali sulle spalle e io, che sono un buon nuotatore, ti porto sano e salvo fino alla spiaggia.

– Illusioni, ragazzo mio! – risponde Geppetto, muovendo la testa e sorridendo malinconico. – Ti sembra possibile che un burattino alto appena un metro, come sei tu, possa avere tanta forza da portarmi a nuoto sulle spalle?

– Vedrai! E comunque, se è scritto in cielo che dobbiamo morire, almeno avremo la gran consolazione di morire abbracciati insieme.

E senza aggiungere altro Pinocchio prende in mano la candela, inizia a camminare e dice al suo babbo:

- Vieni dietro di me, e non avere paura.

E camminano per molto tempo, attraversando tutto il corpo e tutto lo stomaco del Pescecane. Quando arrivano al punto dove comincia la grande gola del mostro decidono di fermarsi a dare un'occhiata per scegliere il momento giusto per la fuga.

Il Pescecane è molto vecchio e soffre di asma e di batticuore ed è costretto a dormire a bocca aperta. Quando Pinocchio guarda in su può vedere fuori da quell'enorme bocca spalancata un bel pezzo di cielo stellato e una bellissima luna.

- Questo è il momento giusto per scappare, - bisbiglia al suo babbo. - Il Pescecane dorme come un ghiro. Vieni dunque, babbo, dietro di me e fra poco saremo salvi.

Allora salgono su per la gola del mostro marino e arrivano in quell'immensa bocca. Poi cominciano a camminare in punta di piedi sulla lingua, una lingua così larga e così lunga che sembra una strada. E stanno quasi per fare il gran salto e per gettarsi a nuoto nel mare, quando, all'improvviso, il Pescecane starnutisce. Dà uno scossone così violento che Pinocchio e Geppetto vengono buttati indietro di nuovo in fondo allo stomaco del mostro.

Nella grande caduta la candela si spegne e padre e figlio rimangono al buio.

- E ora? - domanda Pinocchio diventando serio.

- Ora, ragazzo mio, siamo bell'e perduti.

- Perché perduti? Dammi la mano, babbino, e attento a non scivolare!

- Dove mi porti?

- Dobbiamo ritentare la fuga. Vieni con me e non avere paura.

Pinocchio prende il suo babbo per la mano, e insieme

camminano in punta dei piedi fino alla gola del mostro. Poi attraversano di nuovo la lingua e scavalcano i denti. Però, prima di fare il grande salto, il burattino dice al suo babbo:

– Salimi sulle spalle e abbracciami forte forte. Al resto ci penso io.

Quando Geppetto è ben sistemato sopra le spalle del figlio, Pinocchio, sicurissimo di sé, si butta in acqua e comincia a nuotare. Il mare è tranquillo come un olio, la luna splende luminosa e il Pescecane continua a dormire così profondamente che non lo sveglierebbe nemmeno una cannonata.

Capitolo 51

Mentre Pinocchio nuota veloce per raggiungere la spiaggia, si accorge che il suo babbo trema forte forte.

Trema di freddo o di paura? Chi lo sa... Forse un po' dell'uno e un po' dell'altro. Ma Pinocchio crede che quel tremito sia di paura e gli dice per confortarlo:

– Coraggio Babbo! Fra pochi minuti arriviamo a terra e siamo salvi.

– Ma dov'è questa spiaggia? – domanda il vecchietto sempre più nervoso guardandosi intorno. – Io non vedo altro che cielo e mare.

– Ma io vedo anche la spiaggia, – dice il burattino. – Io sono come i gatti: vedo meglio di notte che di giorno.

Il povero Pinocchio fa finta di essere di buonumore: ma invece... Invece comincia a perdere coraggio: sta finendo le forze, il suo respiro diventa grosso e affannoso... Insomma non ne può più, e la spiaggia è sempre lontana.

Nuota finché ha fiato: poi si volta con la testa verso Geppetto e dice a fatica:

– Babbo mio, aiutami... perché io muoio!

E il padre e il figlio stanno ormai per affogare, quando sentono una voce che sembra una chitarra scordata:

– Chi è che muore?

– Sono io e il mio povero babbo!

– Questa voce la riconosco! Tu sei Pinocchio!

– Sì, e tu?

– Io sono il Tonno, il tuo compagno di prigionia nel corpo del Pescecane.

– E come hai fatto a scappare?

– Ho imitato il tuo esempio. Tu sei quello che mi ha insegnato la strada, e dopo di te sono scappato anch'io.

– Tonno mio, arrivi proprio in tempo! Ti prego! Aiutaci o siamo perduti.

– Volentieri e con tutto il cuore. Attaccatevi tutt'e due alla mia coda e lasciatevi guidare. In quattro minuti vi porto a riva.

Geppetto e Pinocchio accettano subito l'invito, ma invece di attaccarsi alla coda si mettono addirittura a sedere sulla groppa del Tonno.

– Siamo troppo pesanti? – gli domanda Pinocchio.

– Pesanti? Oh no: mi sembra di portare due gusci di conchiglia. – risponde il Tonno, che è così grosso e robusto che sembra un vitello di due anni.

Arrivano alla spiaggia e Pinocchio salta a terra per primo, per aiutare il suo babbo. Poi si gira verso il Tonno e con voce commossa gli dice:

– Amico mio, tu hai salvato il mio babbo! Dunque non ho parole per ringraziarti abbastanza! Permetti almeno che ti dia un bacio in segno di riconoscenza eterna!

Il tonno mette il muso fuori dall'acqua e Pinocchio gli dà un affettuosissimo bacio sulla bocca. Il povero Tonno non è abituato a tanta spontanea tenerezza, si commuove e, per non farsi veder piangere come un bambino, mette la testa sott'acqua e scompare.

Intanto è diventato giorno.

Allora Pinocchio offre il suo braccio a Geppetto, che ha appena il fiato per reggersi in piedi, e gli dice:

– Appoggiati pure al mio braccio, caro babbino, e andiamo. Cammineremo piano piano come le formiche, e quando saremo stanchi ci riposeremo lungo la strada.

– E dove dobbiamo andare? – gli domanda Geppetto.

– In cerca di una casa o di una capanna, dove possano darci per carità un pezzo di pane e un po' di paglia per dormirci sopra.

E padre e figlio camminano lungo la strada...

Capitolo 52

Pinocchio e Geppetto fanno appena cento passi che vedono seduti lungo la strada due brutti ceffi, che stanno lì a chiedere l'elemosina.

Sono il Gatto e la Volpe, ma sono molto cambiati. Il Gatto, fingendo troppo di essere cieco, alla fine lo è diventato veramente. E la Volpe è invecchiata, è senza pelo e non ha più nemmeno la coda. Infatti quella triste ladruncola era diventata così povera che un bel giorno ha venduto persino la sua bellissima coda. Un venditore ambulante gliel'ha comprata per farsi uno scacciamosche.

– Pinocchio! – grida la Volpe con voce piagnucolosa. – Fai un po' di carità a questi due poveri infermi.

– Infermi!

– Addio, mascherine! – risponde il burattino. – Mi avete ingannato una volta, e ora non ci casco più.

– Credici, Pinocchio! Oggi siamo poveri e disgraziati veramente!

– Veramente!

– Se siete poveri, ve lo meritate. Ricordatevi del proverbio che dice: "I quattrini rubati non fanno mai frutto". Addio, mascherine!

– Abbi compassione di noi!

– Di noi!

– Addio, mascherine! Ricordatevi del proverbio che dice: "La farina del diavolo va tutta in crusca".

– Non ci abbandonare!

– ...are! – ripete il Gatto.

– Addio, mascherine! Ricordatevi del proverbio che dice: "Chi ruba il mantello al suo prossimo, di solito muore senza camicia".

E così dicendo Pinocchio e Geppetto continuano tranquillamente per la loro strada. Finché, fatti altri cento passi, vedono in fondo a una stradina in mezzo ai campi una bella capanna tutta di paglia, e con il tetto coperto di tegole.

– Quella capanna è abitata da qualcuno. – dice Pinocchio. – Andiamo là e bussiamo.

Infatti vanno e bussano alla porta.

– Chi è? – dice una vocina da dentro.

– Siamo un povero babbo e un povero figlio, senza pane e senza tetto. – risponde il burattino.

– Girate la chiave e la porta si aprirà. – dice la solita vicina.

Pinocchio gira la chiave e la porta si apre. Appena entrano dentro guardano di qua, guardano di là, e non vedono nessuno.

– E il padrone della capanna dov'è? – dice Pinocchio meravigliato.

– Eccomi quassù!

Babbo e figlio guardano subito verso il soffitto e vedono sopra una trave il Grillo-parlante:

– Oh! Mio caro Grillino. – dice Pinocchio salutandolo gentilmente.

– Ora mi chiami il "tuo caro Grillino", eh? Ma ti ricordi quando per mandarmi via da casa tua mi hai tirato un martello di legno?

– Hai ragione, Grillino! Manda via anche me... Tira anche a me un martello di legno: ma abbi pietà del mio povero babbo...

– Io avrò pietà del babbo e anche del figlio: ma ho voluto ricordarti come mi hai trattato male! Voglio insegnarti che in questo mondo, quando si può, bisogna mostrarsi gentili con tutti se vogliamo ricevere la stessa gentilezza nei giorni del bisogno.

– Hai ragione, Grillino, e io mi ricorderò la lezione che mi hai dato. Ma dimmi... Come hai fatto a comprare questa bella capanna?

– Questa capanna mi è stata regalata ieri da una graziosa capra, che aveva la lana di un bellissimo colore turchino.

– E la capra dov'è andata?

– Non lo so.

– E quando ritornerà? – domanda Pinocchio, con grande curiosità.

– Non ritornerà mai. Ieri è partita tutta triste, e, belando, sembrava dicesse: "Povero Pinocchio... ormai non lo rivedrò più... Il Pescecane a quest'ora l'avrà digerito!"

– Ha detto proprio così? Dunque era lei! Era lei! Era la mia cara Fatina! – comincia a urlare Pinocchio, singhiozzando e piangendo forte.

Quando ha pianto ben bene si asciuga gli occhi e prepara un bel lettino di paglia. Poi ci distende sopra il vecchio

Geppetto e domanda al Grillo-parlante:

– Dimmi, Grillino: dove posso trovare un bicchiere di latte per il mio povero babbo?

– Tre campi lontano da qui c'è l'ortolano Giangio, che tiene le mucche. Vai da lui e troverai il latte che cerchi.

Capitolo 53

Pinocchio va di corsa a casa dell'ortolano Giangio a chiedere del latte, ma l'ortolano gli dice:

– Quanto latte vuoi?

– Ne voglio un bicchiere pieno.

– Un bicchiere di latte costa una moneta. Comincia intanto a darmi la moneta.

– Non ho nemmeno un centesimo. – risponde Pinocchio tutto mortificato e dispiaciuto.

– Male, burattino mio, – risponde l'ortolano. – Se tu non hai nemmeno un centesimo, io non ho nemmeno un dito di latte.

– Pazienza! – dice Pinocchio e sta per andarsene.

– Aspetta un po'! – dice Giangio. – Possiamo metterci d'accordo: puoi girare il bindolo?

– Che cos'è il bindolo?

– È quella macchina di legno, che serve a tirare su l'acqua dalla cisterna, per annaffiare le verdure.

– Ci proverò...

– Dunque, tirami su cento secchi d'acqua e io ti darò un bicchiere di latte.

– Va bene.

Giangio porta il burattino nell'orto e gli insegna il modo di girare il bindolo. Pinocchio si mette subito al lavoro e quando ha tirato su i cento secchi d'acqua è tutto sudato dalla testa ai piedi. Una fatica così non l'aveva fatta mai.

– Fino ad oggi questa fatica di girare il bindolo, – dice l'ortolano, – l'ha fatta il mio ciuchino: ma oggi quel povero animale è moribondo.

– Posso vederlo? – dice Pinocchio.

– Volentieri.

Appena Pinocchio entra nella stalla vede un bel ciuchino disteso sulla paglia, sfinito dalla fame e dal troppo lavoro.

Dopo averlo guardato intensamente, dice dentro di sé, tutto turbato:

– Ma quel ciuchino lo conosco! L'ho già visto da qualche parte!

Si abbassa fino a lui e gli domanda in dialetto asinino:

– Chi sei?

A questa domanda il chiuchino apre gli occhi moribondi e risponde balbettando:

– Sono Lu...ci...gno...lo.

E dopo chiude gli occhi e muore.

– Oh! Povero Lucignolo! – dice Pinocchio a mezza voce, poi prende una manciata di paglia e si asciuga una lacrima che gli cola giù per il viso.

– Ti commuovi tanto per un asino che non ti costa nulla? – dice l'ortolano. – Che cosa dovrei fare io che l'ho pagato in contanti?

– Era un mio amico...
– Un tuo amico?
– Un mio compagno di scuola...
– Come?! – urla Giangio facendo una gran risata. – Come?! Avevi dei somari come compagni di scuola? Chissà che begli studi hai fatto!

Il burattino si sente mortificato da quelle parole e non risponde: ma prende il suo bicchiere di latte e torna alla capanna.

E da quel giorno in poi continua per più di cinque mesi ad alzarsi ogni mattina prima dell'alba, per andare a girare il bindolo e guadagnare quel bicchiere di latte che fa tanto bene alla salute delicata del suo babbo. Ma non si accontenta di questo: perché ha anche imparato a fabbricare cestini di giunco, e con i soldi che guadagna provvede con molta saggezza a tutte le spese giornaliere. Ha anche costruito da solo un elegante carrettino per portare a spasso il suo babbo nelle belle giornate e per fargli prendere una boccata d'aria.

Di notte poi si esercita a leggere e a scrivere. Ha comprato nel paese vicino, per pochi centesimi, un grosso libro, senza copertina e indice, e con quello fa la sua lettura.

Per scrivere usa un bastoncino di legno come una penna, ma non ha l'inchiostro, allora usa del succo di more e ciliegie.

Alla fine, grazie alla sua buona volontà di trovare soluzioni, lavorare e tirare avanti, riesce a mantenere il suo babbo sempre debole di salute e anche a risparmiare quaranta monete di rame per comprarsi un vestitino nuovo.

Capitolo 54

Una mattina Pinocchio dice a suo padre:

– Vado qui al mercato vicino, a comprarmi una giacchetta, un cappellino e un paio di scarpe. Quando tornerò a casa, – aggiunge ridendo, – sarò vestito così bene che mi scambierai per un gran signore.

Esce di casa e comincia a correre tutto allegro e contento. Quando all'improvviso sente qualcuno chiamarlo per nome... Si volta e vede una bella Lumaca che esce fuori da una siepe.

– Non mi riconosci? – dice la Lumaca.

– Mi sembra di sì e mi sembra di no...

– Non ti ricordi di quella Lumaca che faceva la cameriera con la Fata dai capelli turchini? Non ti ricordi di quella volta quando sono scesa a farti luce e tu sei rimasto con il piede infilato nella porta di casa?

– Mi ricordo di tutto! – grida Pinocchio. – Rispondimi subito, Lumachina bella: dove hai lasciato la mia buona Fata? Che fa? Mi ha perdonato? Si ricorda sempre di me? Mi vuole sempre bene? È molto lontana da qui? Posso andare a trovarla?

Il burattino fa tutte queste domande in fretta e senza riprendere fiato e la Lumaca gli risponde con la sua solita calma:

– Pinocchio mio! La povera Fata sta distesa in un letto all'ospedale!

– All'ospedale?

– Purtroppo! Ha avuto tanta sfortuna, si è gravemente ammalata e non ha più niente per comprarsi un boccone di pane.

– Davvero? Oh! Che gran dolore mi hai dato! Oh! Povera Fatina! Povera Fatina! Povera Fatina! Se avessi un milione, correrei a portarglielo... Ma io ho solo quaranta monete di rame... Eccole qui: infatti stavo andando a comprarmi un vestito nuovo. Prendili, Lumaca, e vai a portarli subito alla mia buona Fata.

— E il tuo vestito nuovo?

— Che m'importa del vestito nuovo? Venderei anche questi stracci che ho addosso, per poterla aiutare! Vai, Lumaca, fai in fretta: e fra due giorni ritorna qui, che spero di poterti dare qualche altra moneta. Finora ho lavorato per mantenere il mio babbo: da oggi in poi, lavorerò cinque ore di più per mantenere anche la mia buona mamma. Addio, Lumaca, e fra due giorni ti aspetto.

La Lumaca, al contrario delle sue abitudini, comincia a correre come una lucertola.

Quando Pinocchio torna a casa, il suo babbo gli domanda:

— E il vestito nuovo?

— Non ne ho trovato nessuno che mi stesse bene. Pazienza! Lo comprerò un'altra volta.

Quella sera Pinocchio, invece di lavorare fino alle dieci, sta sveglio fino a dopo mezzanotte; e invece di fare otto cestini di giunco ne fa sedici.

Poi va a letto e si addormenta. E quando dorme gli sembra di vedere in sogno la Fata, tutta bella e sorridente, che gli dà un bacio e gli dice:

— Bravo Pinocchio! Grazie al tuo buon cuore io ti perdono tutte le monellerie che hai fatto fino ad oggi. I ragazzi che curano con amore i propri genitori meritano grandi lodi e grande affetto, anche se non possono essere presi come modelli d'ubbidienza e di buon comportamento. Metti giudizio per il futuro, e sarai felice.

A questo punto il sogno finisce, e Pinocchio si sveglia con gli occhi spalancati.

E enorme è la sua meraviglia quando si accorge che non è più un burattino di legno ma che è diventato, invece, un ragazzo come tutti gli altri. Dà un'occhiata intorno e, invece delle solite pareti di paglia della capanna, vede una bella cameretta ammobiliata e decorata con una semplicità quasi elegante. Salta giù dal letto e trova un bel vestito nuovo, un cappello nuovo e un paio di bellissimi stivaletti di pelle.

Appena si è vestito si mette le mani in tasca e tira fuori un piccolo portamonete d'avorio, sul quale sono scritte queste parole: "La Fata dai capelli turchini restituisce al suo caro Pinocchio le quaranta monete e lo ringrazia tanto del suo buon cuore".

Il burattino apre il portamonete e invece delle quaranta monete di rame ci trova quaranta zecchini d'oro luccicanti, tutti nuovi di zecca.

Dopo va a guardarsi allo specchio e gli sembra d'essere un altro. Non vede più riflessa la solita immagine del burattino di legno, ma vede l'immagine vivace e intelligente di un bel ragazzo con i capelli castani, gli occhi celesti e con un'aria allegra e festosa come una Pasqua.

In mezzo a tutte queste meraviglie, che accadono una dopo l'altra, Pinocchio non sa più nemmeno lui se è sveglio davvero o se sta sognando ad occhi aperti.

– E il mio babbo dov'è? – grida all'improvviso. Va nella stanza accanto e trova il vecchio Geppetto, sano, arzillo e di buonumore come una volta. Il babbo di Pinocchio ha ripreso subito la sua professione di intagliatore del legno, e sta infatti disegnando una bellissima cornice ricca di foglie, di fiori e di animali.

– Toglimi una curiosità, babbino: ma come si spiega tutto questo cambiamento improvviso? – gli domanda Pinocchio saltandogli al collo e coprendolo di baci.

– Questo improvviso cambiamento in casa nostra è tutto merito tuo. – dice Geppetto.

– Perché merito mio?

– Perché quando i ragazzi, da cattivi diventano buoni, hanno il potere di far prendere un aspetto nuovo e sorridente anche all'interno delle loro famiglie.

– E il vecchio Pinocchio di legno dove si è nascosto?

– Eccolo là. – risponde Geppetto, e indica un grosso burattino appoggiato a una sedia, con la testa piegata da una parte, le braccia ciondoloni e le gambe incrociate e piegate, che sembra un miracolo che stia in piedi.

Pinocchio si gira a guardarlo, e dopo averlo guardato un poco dice dentro di sé con grandissima soddisfazione:

- Com'ero buffo, quand'ero un burattino! E come son contento ora di essere diventato un ragazzino perbene!

Ti consigliamo anche:

CaffèScuola Books
www.caffescuola.com

Il Piccolo Principe

In italiano semplice e moderno

Antoine de Saint-Exupéry

Traduzione di Jacopo Gorini

CaffèScuola Books

Piccola grammatica facile della lingua italiana

di Jacopo Gorini

Caffèscuola Books

Printed in Great Britain
by Amazon